社会的処方

SOCIAL PRESCRIBING

孤立という病を
地域のつながりで
治す方法

西 智弘 編著
Tomohiro NISHI

学芸出版社

社会的処方って何だろう？

たとえば
こころやからだの調子が悪くて
病院に行くとしましょう。
診察を終えた患者さんは
「この薬飲んでね」と、
かかりつけのお医者さんから
処方せんを受け取りますね。

このとき薬だけではなく、
体操や音楽、
ボランティアなど、
地域のサークル活動を
紹介されたら
どうでしょう？

薬と同じように
社会とのつながりを
処方するから
社会的処方。

イギリスでは、釣りや編み物の
集まりに参加した高齢者が
うつ病から脱したなどの例も
あるそうです。

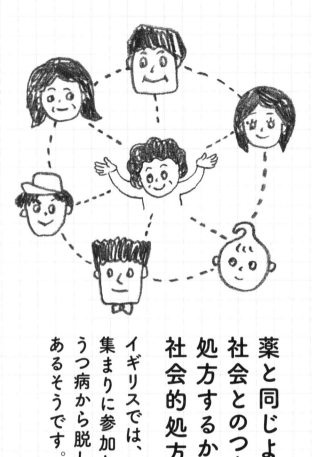

社会的処方を実践する
中心となるのが
「リンクワーカー」。
イギリスでは彼らが、
患者さんの生活や
興味についてヒアリングし、
釣りや編み物サークルなどの
地域資源と
マッチングしてくれます。

医療機関にもちこまれる
問題の二〜三割は
社会的な問題と言われています。
それを解決していく
「社会的処方」。
市民ひとりひとりの活動が
誰かの「お薬」になります。
社会的処方の「タネ」を探しに
あなたもまちに
飛び出してみませんか！

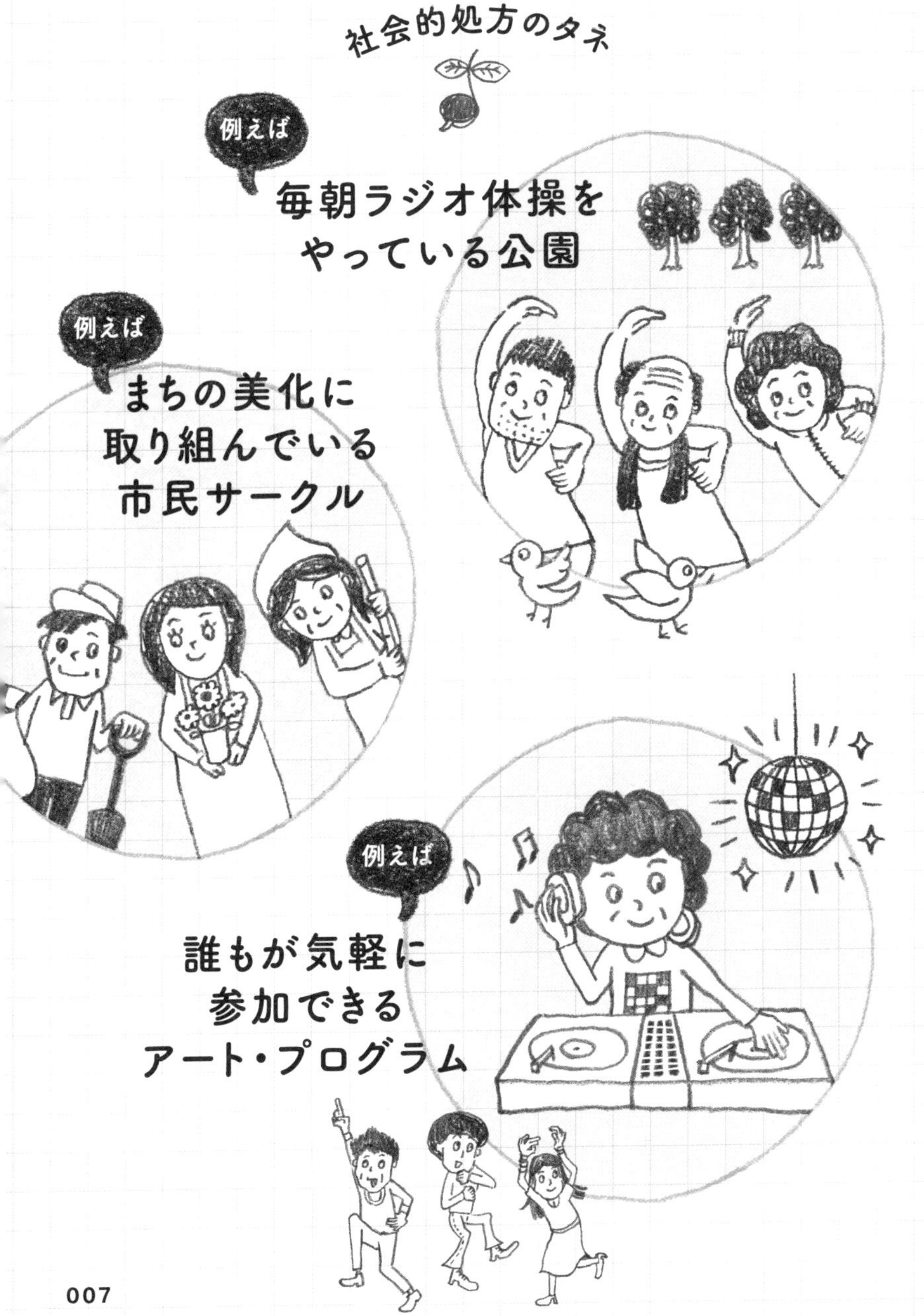
社会的処方のタネ
例えば
毎朝ラジオ体操をやっている公園
例えば
まちの美化に取り組んでいる市民サークル
例えば
誰もが気軽に参加できるアート・プログラム

はじめに　はじまりは一人の婦人からだった

私たちが、「はじまりの婦人」と呼んでいる方がいる。ここでは仮に、スズキさんとしておこう。

スズキさんは、ある夏の日、川崎市武蔵小杉で開催されていた「暮らしの保健室」にやってきた。「暮らしの保健室」とは、私たちが開いている、医療者と市民とが気軽につながることができるカフェだ（詳しくは後述する）。

医師である私が何人かの健康相談に乗っていたとき、スズキさんが汗を拭きながら入ってきた。齢のころは七〇歳前後、白いワンピースを着た、上品そうな方であった。しばらく順番を待ってもらった後、スズキさんは私の前に座った。

「初めまして、西と申します。今日はどういったことでお越しになったんですか？」

「ここに来たら、お医者さんとか看護師さんとお話しできるって聞いて…。どんなことでも相談していいのかしら？」

「ええ、ここは診察室ではないですから、どんなことでもお話ししていただいていいですよ」

「そうなの。じゃあ、ちょっと聞いてほしいのですけど、主人のことで色々と悩んでいて…」

そう言って、スズキさんが話し始めた夫の話。夫はもうすぐ八〇歳で、以前は大企業の部長職を務めたほどの方だったのだが、ここ最近物忘れが増えてきて、近くのクリニックで認知症と診断されたということ。元々偏屈なところはあったが、認知症となってからはそれがさらに強くなり、人付き合いもなくなり、ほとんど引きこもり状態になってしまったとのこと。それだけならまだしも、スズキさんが外出しようとしたら「どこに行くんだ！」と怒り出す。最近では、スズキさん自身も自宅からほとんど出なくなってしまったそうなのだ。

「今日はたまたま主人の機嫌がよかったから、ここに来ることができたの」

とスズキさんは言う。

「かかりつけの先生はどうしているんですか？地域包括支援センターとかに相談してみましたか？」

と尋ねてみたが、かかりつけ医は薬は出してくれるものの、生活についての相談には乗ってくれない。地域包括支援センターにもすでに相談に行っていて、介護保険も「要支援２」がついたのだが、センターで行っている介護予防のイベントや体操などに誘ってみても「俺をあんなところに行くような年寄りと一緒にするな！」と怒り出す始末。ますます夫婦二人の引きこもりが加速するばかりで、誰からも助けてもらえず、気が滅入ってしまうとのことだった。

私は、スズキさんのお話をじっと聞いていたが、心の中では無力感を感じていた。

「私には何もできることがない…」

薬で解決できる問題ではないし、公的な仕組みもあまり有効そうではないし、それ以外に私が知っている地域資源は何一つない。つまり、アドバイスできることが何もない。いまここでできることと言えば「話を聞いてあげることだけ」だった。

スズキさんは、ひとしきり話をした後、

「今日は、お話を聞いてもらえて良かったわ。最近、他の人と話せることがほとんどなかったから…。今日はありがとう」

と言って穏やかな表情で帰って行かれたが、私のほうは、医療という枠組みの中でしか通用しない狭い知識しか持っていないのだということを痛感させられ、沈みきっていた。

もちろん、家の外で誰かと対話ができたことで少しでも気がまぎれたのであれば、それは良かっただろう。でも、本当に何もできることはなかったのだろうか？他の方が相談に乗っていたら何かできることがあったのではないか？ということがずっと心に残り続けていた。

イギリスにはこういった「既存の医療の枠組みでは解決が難しい問題」のための仕組みがある、ということを知ったのは、スズキさんと出会ったすぐ後のことだった。

それが「社会的処方」。

社会的処方とは、薬を処方することで患者さんの問題を解決するのではなく、「地域とのつながり」を処方することで問題を解決するというもの。

例えば、高齢で家に引きこもっている方が、「眠れない」ということを主訴に医者にかかったとする。普通の医者なら、睡眠薬を処方して診察を終えるかもしれない。でも、もしその医者がよくよくその方の生活習慣を聞き取って、不眠の原因が日中の引きこもりによる活動不足だと考えたら。そして、もともとの仕事が花屋だということまで聞き取ることができたら。その医師は、知り合いが参加している、地域美化や花壇整備に取り組む市民グループとつなげてみるかもしれない。「なんで俺がボランティアなんかしないとならないんだ」と、最初は文句を言うかもしれないけど「花の扱いに長けているあなたの力が必要なんです」と頼んでみたら、「先生がそこまで言うならやってやらないこともないけど」とまんざらでもない。そして、その方はボランティアを契機に積極的に外出するようになり、体も気持ちも元気になっていく。薬なんかなくたって、夜はよく眠れるようになり、食事もおいしくなって体重も増えた。そして何より、地域で共に過ごす仲間と笑顔が増えた……。

社会的処方には希望がある。

私たちは、薬なんかなくたって健康になれるのかもしれない。だからこれは、医療者だけの仕組みではない。市民一人一人が、お互いに支え合い、地域で元気に暮らしていくための仕組みだ。あなたの活動ひとつひとつが、誰かにとっての「お薬」になるのだ。

でも日本ではまだそういった仕組みはない。

ないのなら、作ろうじゃないか。困っている人はいるんだ。そう、スズキさんのような。

そして二〇一八年四月「社会的処方研究所」が川崎に誕生した。医療者だけではない、市民と企業と、地域とでつくりあげていく仕組み。私たちは誰一人、社会的処方の専門家ではない。だから名付けた「研究所」。誰しもが、一から社会的処方をみんなで作り上げていくために、研究し、実践し、運用していくための仕組み。

まだ取り組みは始まったばかりだ。この本を通じて、皆さんが社会的処方を知り、日本全国で実践するための助けになることを願う。

私たちも一緒に頑張ろう。

いつか、「はじまりの婦人」の笑顔が見られるように。

5章

6章 リンクワーカーからみた社会的処方のタネ…165

おわりに

1章

目に見えない「孤立」という病

地域とのつながりが未来を照らす

つながりがないことは寿命を縮める

「はじまりの婦人」スズキさんと、その夫を苦しめていたのは、結局のところ何だったのだろう。

「最近、他の人に話を聞いてもらえることがほとんどなかった」

と、スズキさんは語っていた。スズキさんは誰ともつながれていない、そして自宅から自分たちを連れだしてくれるすべが何もない、という未来への絶望に苦しんでいたのではないだろうか。

そう、スズキさんが苦しんでいたのはつまり「つながりがないこと＝社会的孤立」なんだろう。そして、この「つながりがないこと」に苦しんでいるのはスズキさんだけの話ではない。なんと日本の高齢者のうち約三〇％が「つながりがない」と報告されているのだから。[1]

スズキさんが暮らしているのは、人口が密集した都心部。高級マンションの一室に住み、両隣にも住民がいるにもかかわらず「つながりがない」。物理的に近くに人がいる状況でもつながりが自然とできることはなく、「社会的孤立」というべき状況を生み出している。

社会的孤立は健康に対して大きな影響を与えるということがわかっている。例えば、二〇一〇年に発表された研究では、「どれだけ運動をしているか」「どれだけ酒を飲むか」「太っているかどうか」といったことよりも「人とのつながりがあるかないか」が、寿命に大きな影響をおよぼすということが示された。[2] それだけではない。認知症の増加や、自殺の増加にも影響があることがわかってきているのだ。

ここでもう一つ、面白い研究をご紹介しよう。日本のある地域の高齢者たちが「運動サークルに参加しているかどうか」、また「実際に運動をしているかどうか」、という点に注目してそれぞれ比較をしてみた研究だ。[3] 四年後に、身体の機能がどれほど落ちてしまったか（要介護発生率）について報告している。

結果はどうなっただろうか？

運動サークルに参加して運動もする人が最も良く、サークルにも参加せず運動もしない人が最も悪い、というのはわかる。そりゃあそうだろうと、誰しもが思う。でも肝心なのはここからだ。「一人で黙々と運動する人」と「運動サークルに参加するだけの人」では、どちらがよいだろうか？ イメージは、ジムで一人筋トレに励むお父さんと、体操サークルに参加しても体操せずに近所の方とおしゃべりしてばかりのお母さん。さて、皆さんはどちらが寝たきりになりにくいと予想するだろう？

結果としては、「おしゃべりしているお母さん」の方が要介護発生率が低かった。つまり、運動するかしないか、ということよりも「つながりをもっているかどうか」の方が、将来の寝た

	運動サークルに参加	運動サークルに参加しない
積極的に運動する	◎	△
あまり運動しない	○	×

積極的に運動するかしないか、つながりがあるかないかで要介護状態へのなりやすさを調べた。運動するかしないかよりもつながりがあるかどうかのほうが大事という結果に

きり状態を予防するのに有用であるという結果が示されたのである。「口を動かしてばかりの方が健康にいいなんて…」と、今まさに一人でジムに行こうとしていたあなたはショックを受けるのではなかろうか。

世界保健機関（WHO）の健康の定義でも、「健康とは、完全に、身体、精神、及び社会的によい状態であることを意味し、単に病気ではないとか、虚弱でないということではない」ということが示されている。このWHOの健康の定義については、ちょっと後でまた議論したいのだけれど、この中で「社会的によい状態」が健康の要因として入っていることは大切なことだ。

それに対し、日本は社会参加の頻度や人との付き合いが先進諸国の中でも低いことが指摘されており、高齢化の進展や、家族構造の変化、地域社会のつながりが薄れたことなどの複合的な要因によって、このまま

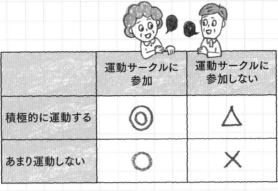

の状況が続くと、社会的孤立は国内において大きな問題となって浮上してくるだろう。

日本において本当に社会的孤立は存在するのか？

先ほど、日本の高齢者の約三〇％が「つながりがない」というデータを報告したが、実際に「社会的孤立」は本当に進んでいるのだろうか。まずはその「事実」をもう一度確認してから話を進めていこう。

そもそも「孤立」と「孤独」は、日常的には明確に区別されずに使用される傾向がみられるが、研究上では区別されている。イギリスの社会学者であるピーター・タウンゼントは、その著作の中で「社会的孤立（social isolation）」とは、「家族やコミュニティとほとんど接触がないということ」と定義している。[4] それは客観的な状態を指すものとされ、一方で「孤独（loneliness）」は主観的状態を表す「仲間づきあいの欠如あるいは喪失による好ましからざる感じをもつこと」という異なる概念である。

では「社会的孤立」を測定する方法はあるのだろうか？　先ほど紹介したタウンゼントは、「親族一人一人との一週間あたり平均接触回数」「親族以外の隣人や友人、またそれに加えて例えば地区の看護師、ホームヘルパー、医者も含めた接触」「その週間内の、その他の社会的活動」などを得点化して社会的孤立を測定しようと試みている。しかし、それらを正確に把握するのは難しく、その後も多くの研究がなされたものの、現在までに社会的孤立を正確に把握できる標準的測定方法はない。

それでも何らかの形で日本の「孤立」を把握しないと話が進まない。ではまず単身世帯数について変化をみてみよう。単身世帯が増えていれば、それだけ社会的孤立のリスクが上がるからだ。国勢調査のデータを見ると一九九〇年では単身世帯は全世帯の二三％である一方、二〇一五年には三五％に直線的に増加している。また、単身世帯が増える要因の一つである生涯未婚率も、一九九〇年には、男性六％、女性四％であったのが二〇一五年にはそれぞれ二三％、一四％に増加している。

次に、「会話頻度」と「頼れる人の有無」から社会的孤立を測定した二〇一七年の調査報告を見てみよう[5]。まず会話頻度を見ると、高齢単身男性の一五％が「二週間に一回以下」しか会話していない（女性は五％）。ちなみに同様の調査が二〇一二年にも報告されているが[6]、二〇一二年から二〇一七年の五年間で、高齢単身世帯の「会話が二週間に一回以下」の割合はわずかではあるが悪化している（七％→九％）。ちなみに、単身男性については高齢者ではなくても「会話が二週間に一回以下」の割合が八％と高い（女性は四％）。

また、「頼れる人の有無」という項目では、「（子ども以外の）介護や看病について」、高齢の単身男女、非高齢の単身男性、一人親世帯の四〇%以上が、「頼れる人がいない」と回答している。「日常生活のちょっとした手助けについて」は、高齢の単身男性の三〇%、また非高齢の単身男性の二三%に頼れる人がいない。外国との比較をしたデータでは、[7]欧米諸国は高齢者に占める単身者の比率は日本よりも高いものの、近所や友人と支え合う関係を持っていると報告されている。それに対し日本では、六〇歳以上の高齢単身者に「病気のときや、一人ではできない日常生活の作業が必要なとき、頼れる人がいるか」と尋ねると、「別居の家族・親族」と回答した人の比率が最も高く、「友人」「近所の人」の比率は最も低いことが報告されており、地域で支え合う仕組みが乏しいことが見て取れる。

もう一つ、「孤独死」についてのデータも確認しておこう。東京都監察医務院は東京二三区内で異状死（病死以外の死）が出た場合に解剖を行う機関だが、そこではこの異状死のうち、単身かつ自宅で亡くなったものを「孤独死」とし、そのデータを公表している。このうち、高齢者白書で取り上げた「六五歳以上の孤独死」を見れば、孤独死の件数は右肩上がりであり、二〇〇三年には一四五一件であったのが、二〇一七年には三一二七件と倍増している。割合でみても、二〇〇三年は総死亡のうち二・三%、二〇一七年は四・一%が高齢者の孤独死であり、増加していることがわかる。もちろん、「孤独死＝社会的孤立の結果」ではないし、単身世帯もいずれ頭打ちになると予測される。ただ、これらのデータからは、やはり日本において社会的孤立は進行していきている印象を受けないだろうか。

イギリスにおける社会的孤立と「孤独担当大臣」

社会的孤立は、日本だけの問題ではなく、先進諸国の多くで解決すべき課題として挙げられている。「はじまりの婦人」のような高齢者だけの問題ではなく、障害を持っている方々や子どもたちにも社会的孤立の影響はおよんでいる。

例えば、イギリスで二〇一七年に行われた社会的孤立／孤独に関する調査では、

◉イギリスでは、九〇〇万人以上の人々が常に、もしくはしばしば孤独を感じており、その三分の二が生きづらさを訴えている。

◉月に一度も友人や家族と会話をしないという高齢者は、全六五万人のうち二〇万人にのぼった。週に一度では三六万人になる。

◉身体障害者の四人に一人は日常的に孤独を感じており、一八〜三四歳の中では三分の一以上になった。

◉子どもを持つ親たちの四分の一が常に、もしくは、しばしば孤独を感じている。

◉四〇〇万人以上の子どもたちが孤独を訴え、チャイルドライン（相談窓口）の支援を受けた。

社会的孤立がイギリスの国家経済に与える影響は、年間三二〇億ポンド（約五兆円）に上るとガーディアン誌およびハフィントンポストにて報告されている。[8・9]

そういった調査の結果を受けて、イギリスでは二〇一八年一月、孤独に関する諸問題を取り扱うために、孤独担当大臣のポストを新設した。イギリスのメイ首相（当時）は、

「多くの人々にとって、孤独は現代の生活の悲しい現実です。私はその現実に立ち向かい、我々の社会や高齢者や介護者、愛する人を失った人々、そして自分の考えや体験を話したり分かち合う相手のいない人の孤独に対して、行動を起こしていきたい」

と語ったと報じられている。[8・9]

イギリスの社会的処方

こういった状況の中、社会的孤立を解決する一つの方法として、社会的処方（social prescribing）が注目されている。

社会的処方とは、患者の非医療的ニーズに目を向け、地域における多様な活動や文化サークルなどとマッチングさせることにより、患者が自律的に生きていけるように支援するとともに、ケアの持続性を高める仕組みだ。「はじめに」でも紹介した通り、「眠れない」という訴えの患

者がクリニックに来た時、医師が睡眠薬を処方するかわりに、社会資源を提供するということ（もちろん、本人のニーズや好みなどを把握したうえで）。

実際、クリニックに頻繁に来る患者の問題は、医療的な悩みではなく孤立・孤独が原因であることが多い。医療機関を受診する約二〜三割が社会的問題とされ、例えば仕事がないことでストレスがかかり不眠に……といったケースの根っこにあるのは、「雇用」という社会的な課題なのだ。

この本をお読みの皆さんの中には「社会的処方」などという名前で呼ばれると、「何か特別なもの」「自分には関係のないこと」のように思える方もいるかもしれない。しかしこれは日本でも昔からあった「地域におけるおつとめ」とか「住民同士での学び合い活動」という部分も大きい。ただ、それが地域社会において急速に失われつつあるいま、「社会的処方」という言葉で意味づけをし、そしてそれを医療機関と連携する形で運用しようということなのだ。

イギリスでは一九八〇年ごろから、各地域で社会的処方についての取り組みが始まったとされている。二〇〇〇年代に入り、保健省の白書内で社会的処方について言及され、NHS（National Health Service）のプライマリケア領域のビジョンを示す*General Practice Forward View*（2016）の中で、家庭医の負担軽減を図るうえでインパクトが大きい一〇の取り組みの一つとして社会的処方が取り上げられた。そして二〇一六年には社会的処方に関する全国的なネットワークが構築され、イギリス全体で一〇〇以上の社会的処方の仕組みが稼働している。

イギリスのある家庭医の話では、概ね週に一度くらいはこの社会的処方を提案するという。例えば、ある八〇代の女性（Maryさん：仮名）は認知症とうつ病を患い、その医師の外来に通って抗うつ薬や認知症薬を処方されていたが、その娘さんがある時「もうどうにもなりません」と診療所に来た。聞くところでは、Maryさんは夜も眠らずに泣いてばかりいて、日中もわけがわからない訴えが多く、自分のほうがまいってしまいそうだということだった。そこで、医師は社会的処方の仕組みを使ってその娘さんからMaryさんの若いころの話や、趣味・好みのことなどを聞いていったところ「そういえば若いころは聖歌隊に所属していて、歌うことが好きでした」という話を引き出した。そこでさっそく、地元のsinging groupを紹介し、娘さんと一緒に行ってもらったところ、普段は認知症で少し前の会話も忘れてしまうのに、楽譜を見ることもなく聖歌を高らかに歌い始めたのだという。そのグループの環境が気に入ったのか、Maryさんはその後も喜んで通い続けた。そしてしばらくしたころ、医師の診療所にもこなくなった。どうしたかと思っていたら、もう抗うつ薬も飲まなくても元気になったので、薬もやめてしまったということだった。

「他にも、『子どものジャンクフードの食べ過ぎをどう解決できるでしょうか』というお母さんからの相談などが診察室で出ることがあります。それは確かに健康に関する問題ではあるのですが、医療で解決できる問題でも、すべき問題でもないのです」

と、その医師は語っていた。

社会的処方の効果としては、孤立・孤独から抜け出し、不安や抑うつが改善し自己効力感が向上するということに加え、救急外来患者が一四%減少し、二万八〇〇〇人の患者の予期せぬ入院による年間コスト五七〇万ポンドが、四五〇万ポンドに減少したという報告もある（約一・六億円の削減効果）。いま、多くの国において医療費による財政圧迫は問題になっており、社会的処方はその救世主になりうるかもしれない。

イギリスの社会的処方の例　言葉ではなくアートで対話する「drawing life」

イギリスにおける社会的処方には様々なものがある。釣りのサークルや、ダンスやエクササイズのプログラム、同じ疾患を持つ者同士の語り合いの会（ピアサポート）、ボランティア活動から、年代が異なる友人を作るプログラムまである。

その中から、まずは「drawing life（https://www.drawinglife.org/）」というイギリスのアート集団の取り組みをご紹介したい。こちらは福祉環境設計士として活躍する藤岡聡子さんと、コミュニティナースの石井麗子さんのレポートから（実際には別々の日時に取材しているが、そのレポートを

お菓子やアルコールも置かれていて、サロンのような雰囲気（藤岡聡子さんご提供）

統合して紹介する）。

ロンドンから約二時間、ヘイスティングス。一〇六六年建立（！）のヘイスティングズ城や修道院が残る、景観美しい港町。このまちで、高齢者施設やホール、アートギャラリーを舞台として、認知症をもつ高齢者やその家族を対象に、デッサンを用いるアプローチをしている団体「drawing life」がある。この団体がナーシングホーム（日本でいう老人ホーム）で開催するアートクラスを見学させてもらった。まずは私（藤岡）の視点から報告させてもらおう。

見学先は、ナーシングホームの一階、ロビーにあるホール。ヘイスティングス在住のアーティストJudy Parkinsonさんは、drawing lifeのワー

モデルのMark。この日は「ジャングルに行くレンジャー」役（藤岡聡子さんご提供）

Patrickが絶妙なタイミングで声かけを行い、参加者が徐々に没入していく（藤岡聡子さんご提供）

クショップを始めて四年半。毎週一回の頻度で行っているとのこと。このホールに入るまでのアプローチも興味深い。入居者が共にリラックスできるよう、お菓子や紅茶はもちろん、アルコールだって置いている。ワークショップへの参加は自由で、途中での出入りも自由。

プログラムは、教師役でイタリア人のPatrickの声で始まった。

「さあ始めましょう。みなさんご機嫌いかが?」

プログラムの内容はモデルが一〇分ほどポーズをとり、それを描くというシンプルなもの。画材はcharcoal(木炭)と数本のペン。モデルのMarkは普段は舞台にも出ている本物の俳優。一度ポーズを決めたらピタッと動かずにモデルになりきるところはさすが。

そしてPatrickは参加者に色を一色ずつ配りながら顔をみつつ、「絵」を描かせようとしない。中心の線や身体の動き、つくりはどうなっている? と投げかけていく。写実的にうまく描かせようとせず、「思ったまま、見たままを描いてほしい」「feelingを描いてほしい」「モデルから感じる色は? 雰囲気は? あなたはどう感じ取る?」など声を投げかけていく。参加者を褒め、そうして絶妙なタイミングでPatrickがペンを手渡すと、参加者は吸い込まれるように手を動かしていくのだ。

非常に、よい。とても積極的な沈黙の時間。福祉の現場で起こりがちな、目をふせてなんとなくただシーンとなる雰囲気ではなく、顔を上げて、目先・手先に適度な緊張感と集中力が高まっていく。私も見ていて鳥肌が立つ。認知症の方でも、ここまで集中して描けるものなのだなと（藤岡）。

一方で、石井の隣に座ったHazelさん。ふわふわの茶色い犬のぬいぐるみを抱いている。ジョージという名前らしく、とても仲良しな存在のようだった。頭をなでたりキスをしたりしている。彼女の前に置かれた紙は、白いまま。木炭も置いたまま。JudyやPatrickが「どう？」「ジョージは元気？」など回る度に声をかけつつ、「描くのはどう？」とさりげなく勧めている。目線は彼女の目の高さまで合わせている。けれども、Hazelはマイペース。「No, No」と言い続け、お茶を飲んだりぬいぐるみをなでたりしている。でも帰りたいとは、言わない。

ほぼ全員が描きおわったころ、Patrickは全体に向けて、一人一人の作品を紹介していく。ここでPatrickは、とても具体的に作品を褒めていく。この線がいい、動きがある、色使いが美しい、前回とはこの点が違う、など。この褒め方がとてもお上手。そして具体的なので、単に褒められておだてられている訳でもない。一人ずつ絵が見せられるたびに「おお〜」と言うメンバーの歓声もあったりして、初めて来たのに居心地が良い。つい私（石井）も、隣にいた男性の絵を「力強い線がいいですね」とほめてみたりして。

さあ、二枚目を描こう！ Patrickが紙を持って言った。

「そのまま描く？　新しい紙に書く？」

今までの絵に重ねるという発想はなかったので「エッ」と驚いていると、隣の男性はさっき描いたものを手のひらでこすって消している。新しい紙をもらう人もいる。自由に選ぶことができる。

そしてHazelの目の前には、さっきの白紙とカラーペン二本。

ジョージをモデルにしていいか交渉していたらしく、モデルがジョージをもってポーズしている。

Patrickが「ジョージ、あそこに居るね」と話しかける。

「どう？　描いてみる？」

「わからないわ。」

「ガイドを描こうか？」

「やらないわよ」

「ちょっと描いてみるね、どう？」

「うーん」

私（石井）が描いている絵をPatrickが指さした。

どんな絵でもPatrickは最大限の賛辞を贈る（藤岡聡子さんご提供）

「ほら、レイコはジョージを描いているよ、かわいいね」

「そうね」

Patrickは Hazelを急かさない。Hazelは言葉ほど嫌そうな顔はしておらず、迷っているみたいに見える。ちょっとすると、Patrickに渡された水色のペンを手に持った。手にかけたバッグをどうしようか迷っていたので、テーブルに置くのをちょっとだけ手伝う。

「ありがとう」

ペンを持ちやすくなったら、くるくるとジョージの顔らしきところをふちどり始めた。くるくるくると、Hazelはペンを動かし続け、今度は茶色のペンで塗りだした。

「だめだわ」

「ああ」

「もうだめ」

独り言はネガティブに聞こえるけれど、ペンは持ったまま手を止めたり描いたりしている。そのうち私も、自分の描いているものがだんだん楽しくなってきていた。さっき褒めてもらえたから、今度は何でも良さそうな気がする。せっかくだからしたことない描き方をしようか。紙と自分の世界になっていくような感覚だった。

ふと気づくと、Patrickがまた声をかけながら色を足している。みんな「どうぞ」というのでマネしてHazelに「どうぞ」と言ってみた。Hazelは犬の絵を描き上げていた。

二回目もPatrickは絶賛の嵐だった。「Lovely!」が多かったようにも感じたが、言い方がすこしずつ違う。イントネーションや言葉のタメ、両手を差し出しながら名前を情感たっぷりに呼ぶ様子は、言葉ではなく全身でその人を褒めているような表現だった。

「サインを書いてね」

Patrickが皆に伝えた後、Hazelが「名前…」とつぶやき書き始めた。自分から。

Hazel

Lover

FETCH

一文字ずつゆっくりと書き、全て終えるとニコリとしてペンを置いた。

「どこから来たの?」

「日本です」

「まあ、遠い」

「行ったことありますか?」

「ないわよ。ふうん…」

話しかけてきてくれた。

認知症の方だけではなく、家族や子どもたちも一緒に参加（石井麗子さんご提供）

一五時過ぎに始まり、一六時半前までみっちりとデッサン、そしてその感想のシェアや、ティータイム。認知症の方だけではなく、その家族や子どもたちも参加していた。終わったあとは、口々にお礼を言いながら帰っていった。

終了後、主宰のJudyさん、Patrickさん、モデルのMarkさんに藤岡からそれぞれ話を聞いた。

――なぜこの仕事をしているのですか？　また、どんな気持ちでポージングしているのですか？

「（Markさん）僕はアーティストでもあり、舞台にも出ます。Judyと出会いこの話を聞きジョインするようになりました。このモデルの仕事は、ある種、瞑想の時間だと思っていますね。舞台に上がっている僕の存在があって、ないような状態にする。非常に集中力が要りますが、とても素晴らしい時間だと思っています」

――どんな経験を経て、なぜこの仕事をされているのですか？

「（Patrickさん）イタリアで生まれ、アーティストとして活動していました。主にデッサンをしていて写真も撮りますよ。イタリアの病院でアートワークをしていた経験もあります。あの経験も素晴らしかった。その後南アフリカなどで活動しイギリス、この地でJudyと出会いました。私の経験ならJudyの考えるアプローチに十分生かされるし、私もとても力になっていると感じています」

――今日この時間を振り返っての感想を教えてください。どんな気持ちですか？

「(Judyさん) このプログラム、素晴らしいでしょう？ (笑) 回を重ねるごとに手応えを感じていますが、今日は特に素晴らしい、「沈黙」の時間でした。その時間を共有できてとても嬉しく思っています。このプログラムでは、下記の三つのことが大切だと思っています。

◉本物のモデルを使うこと (Markは素晴らしいモデル。本物をデッサンすることで想像力は遥かに高まります)

◉男性の教師であること (要介護者は比較的女性が多く、やはり男性の教師がいると士気が上がりやすい。いつまでたっても女性でしょう?)

◉クラスには認知症だけでなく、家族やケアスタッフも入ること (認知症の人だけにするよりも、互いに刺激や発見があり、何より不自然ではないでしょう?)

今はプレイングマネジャーですが、早くマネジャー職を見つけ、私はこのプログラムをもっとたくさんの場所、国に広めていきたいですね」

社会的処方は人々が健康にすごすための五つの方法を助けることが目的だ。

◉Give：人から施されるだけではなく、自らが支援する側にも立てる
◉Connect：ほかの人たちとつながることができる
◉Keep learning：学び続けるものを持っている
◉Be active：身体的・精神的に活動的である
◉Take notice：周囲で起きていることに注目している

今回のdrawing lifeのプログラムは、この五つの方法にマッチしている。でも日本における認知症の方のためのプログラムはどうだろう？

私たちが「認知症の方を支援する」と考えた時、どこかで「認知症」というイメージからそれぞれの人を型にはめて見てしまいがちではないか。

「認知症だから、これはできないだろう」

「認知症があるから、これくらいのワークショップで十分だろう」

と。アートプログラムを行うにしても、簡単な塗り絵を渡してそれを塗るだけだったり、紙や手を汚してしまうことに対して思わず口出しをしてしまいそうだ。そしてその場に集められて

いるのは全員、認知症の患者だけ…。他の人とつながる要素もなければ、活動的でも学び続けたいものでもない。本物のモデル、本物の画材、本物のアーティストによるプログラムということが大切。だからこそPatrickのポジティブフィードバックだって生きてくる。

「参加者を患者ではなくアーティストだと思っている」

とPatrickは言う。お遊戯ではなく、アーティストが作品を作っている、作品を見せ合いフィードバックをもらう、あのクラスはそういう流れだそうだ。

また、drawing lifeのプログラムでは、個々人が自分らしい表現方法を探すために描いてもらう。言葉ではうまく表現できなくても、絵で表現することができる方がいる。それを褒めることで、よりその方々の表現の魅力にこちらも気づかせられる。そして参加者は認知症の方だけではないし、ギャラリーでも同じプログラムを開催しているという。

これまでの参加者の中には、何もしゃべらなかったのに、プログラムを繰り返すうちに単語や言葉を話すようになった人もいるとのこと。施設内でのコミュニケーションの変化は現場スタッフも体感しているそうだ。そして、普段は問題行動が多い認知症の方も、このプログラムに参加することで問題行動が落ち着くのだそう。自らの表現を見つけることができ、それが他者から認められる体験がそうさせるのだとしたら、普段の生活ではかれらがいかに表現を抑圧されているのか、ということも考えないとならない。それを薬でさらに抑え込むのか、それとも社会的処方で表現を解放してもらうのか。さあ、どちらが面白いと思う？

社会的処方は人を「健康」にすることを目的にするのではない
マイナスをプラスにするのではなくプラスをダブルプラスへ！

ここまで読んできただけでも、皆さんは社会的処方というものに大きな期待を寄せるだろう。社会的処方はこれまで解決できなかった健康上の問題を解決できる「魔法の弾丸」ではないか、と。

しかし、私たちが社会的処方を通じて行いたいことは、決して人を「健康な状態にすること」ではない。ここまでさんざん、健康、健康と書いてきて申し訳ないのだけれども。先ほど述べた、ＷＨＯの健康の定義を思い出してほしい。「健康とは、完全に、身体、精神、及び社会的によい状態であることを意味し、単に病気ではないとか、虚弱でないということではない」であるが、周囲を見渡してみて、この定義に一致する人間がどれくらいいるだろうか？　身体的に何らかの疾患を抱えながら、また精神的に弱い状態だったとしても、それとともに生きている人が大勢いる。では、かれらは常に「健康ではない」のだろうか？　そうではないだろう。

ＷＨＯの健康の定義に対し、オランダのHuberらは「健康とは社会的、身体的、感情的問題に直面した時に、適応し自ら管理する能力があること」と定義し、それを「ポジティヴヘルス」という言葉で提言した。[10] つまり、逆境や不利な状況に陥った時に、それを跳ね返す力があるという強さではなく、その時の状況に応じて臨機応変に対応できる柔軟性、というイメージだ。身体的・精神的に完全な状態ではなくても、それに対応しながら、自分の長所を生かしてうまく生きていくということ。[11] 人はそもそもデコボコな存在なんだから、そのデコボコをデコボコのまま利用しつつ、しなやかに生きていければいいじゃないかという考えだ。

「健康になるためなら死んだっていい」なんていうジョークがあるが、「健康」というものはそもそも、人が幸せに生きていくための手段であって、それが目的となるべきものではない。だったら、「身体的・精神的に完全に良好な状態」ではなくても、その人が幸せに生きる方法はある。私たちが考える社会的処方は、それぞれの身体的・精神的・社会的に不完全な部分を埋めて、完全な状態にするためのアプローチではない。むしろ、人がもつデコボコをありのままに生かし、生きがいに注目し、幸せを追求していくためのアプローチだ。マイナスをプラスにするのではなく、プラスをダブルプラスにしていく。先ほどレポートしてくれた藤岡聡子さんの言葉を借りるなら、「没頭、熱中、表現の場づくり」をしていくということ。今の社会の中で「高齢者の活用を」という語られ方をされることがあるが、そうではなく、目の前の人が熱中・没頭するポイントはどこか？　に注目する。その人が元々もっている強みや才能に気づき、その才能を最大に表現できる場をつくることで、小さな集まりが最大化していく。そしてその表現がさらなる熱中・没頭につながっていく。そんなイメージで、これから社会的処方を見ていってほしい。

参考文献

1 Takuya Aoki, et al. "Social Isolation and Patient Experience in Older Adults." *Ann Fam Med.* 2018; 16: 393-398.

2 Holt-Lunstad J, Smith TB, Layton JB. "Social relationships and mortality risk: a meta-analytic review." *PLoS Med.* 2010; 7: e1000316.

3 Kanamori S, et al. "Participation in Sports Organizations and the Prevention of Functional Disability in Older Japanese: The AGES Cohort Study." *PLoS One.* 2012;7:e51061.

4 Peter Townsend. *The Family Life of Old People: An Inquiry in East London.* Routledge and Kegan Paul, 1957.

5 国立社会保障・人口問題研究所『社会保障・人口問題基本調査 生活と支え合いに関する調査』二〇一七

6 国立社会保障・人口問題研究所『社会保障・人口問題基本調査 生活と支え合いに関する調査』二〇一二

7 内閣府『高齢者の生活と意識─第八回国際比較調査結果報告書』二〇一六

8 https://www.theguardian.com/politics/2016/dec/28/jo-coxs-campaign-to-tackle-loneliness-lives-on-with-help-of-friends

9 https://www.huffingtonpost.jp/2018/01/17/may-loneliness_a_23336292/

10 Huber M,et al. "How should we define health ?" *BMJ.* 2011; 26 (343): d4163.

11 Huber M, et al. "Towards a 'patient-centred' operationalisation of the new dynamic concept of health: a mixed methods study." *BMJ Open.* 2016;6(1):e010091.

2章

社会的処方のカナメ
リンクワーカー

「暮らしの保健室」ができるまで

社会的処方の話を続ける前に、私たちが「はじまりの婦人」スズキさんと出会うことになった「暮らしの保健室」について話しておきたい。

「暮らしの保健室」とは元々、新宿で訪問看護師をしていた秋山正子さんが、高齢化率が五〇％をこえる戸山ハイツという団地の一角に「地域のよろず相談所」として立ちあげた場所が始まりだ。「保健室」と言われれば、皆さんも学生時代の記憶にあるだろう。ちょっとしたケガや、お腹が痛いといった体調のことだけではなく、「今日は何となく授業に行きたくない」「担任の先生には言えない悩みがある」といったときも、保健室の先生に話を聞いてもらったという経験がある方もいるのではないだろうか。「暮らしの保健室」も学校の保健室のように、病院に行くには敷居が高いちょっとした悩みを抱えていたり、また特に用事がなくてもふらっと立ち寄れて、お茶を飲みながら看護師やボランティアスタッフと気軽に話せる居場所として機能している。内部は木をふんだんに使用し、中央に大きなテーブルを配し、みんなで料理を楽しめるオープンキッチンもあり、家庭的でくつろげる雰囲気が特徴だ。団地の入居者に限らず誰でも予約なしに無料で利用できる。戸山ハイツは三〇〇〇世帯をこえる大型団地だが、一人暮らし世帯も多く、暮らしの保健室で定期的に開かれる食事会には「みんなで食べるご飯のおいし

①健康に関する「相談窓口」

②在宅医療や病気予防について「市民との学びの場」

③受け入れられる「安心な居場所」

④世代を超えてつながる「交流の場」

⑤医療や介護・福祉の「連携の場」

⑥地域ボランティアの「育成の場」

暮らしの保健室がもつ六つの機能。①〜③の機能を持ち、地域特性や開設者の特性によって④〜⑥の機能にも発展していくもの、とされている。その中でも③の機能を持つことが大切[1]。

さ」を求めて、多くの方が訪れるという。秋山さんが二〇一一年に新宿で始めたこの取り組みは、全国的に共感を呼び、今では五〇ヶ所以上にも広がっている。

私たちが「はじまりの婦人」と出会った暮らしの保健室も、秋山さんの活動に共感して始まったのだが、それだけではない。実は、川崎の暮らしの保健室は住民アンケートと質的研究という手法を用いての結果から生まれた。二〇一五年に、武蔵小杉でまちづくりをしているＮＰＯ法人「小杉駅周辺エリアマネジメント」と医療者が協力し、地元のお祭り会場の一角を借りて、「病気になっても安心して暮らせるまちって？」というアンケートを行った。結果、一二四名の方から協力をいただき、その中に書かれていた言葉を集めて解析したところ、

「信頼できる医療機関があり、医師がいる」

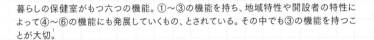

木の絵をベースに、リンゴの付箋を貼ってもらう形で街頭アンケートを実施した

「病院でも診療所でも保健所でもなく、働く場所は『あなたのそば』」というナース＝コミュニティナースの石井を専従スタッフとして、川崎の「おでかけスタイル」暮らしの保健室は開設された

「住民同士がお互い支えあえる仕組みがある」
「健康問題などに関して気軽に相談できる場所がある」
という結果が得られた。この三つ（特に後者の二つ）を満たす解を話し合い、「武蔵小杉にも新宿のような『暮らしの保健室』を作ろう」となったのだ。まさに、住民発の暮らしの保健室といえるだろう。

そして私たちは二〇一七年に、暮らしの保健室を運営するための会社「一般社団法人プラスケア」を起業した。これまでにあった暮らしの保健室のような「常設型」ではなく、近隣地域のコミュニティスペースを巡回する「おでかけスタイル」を採用した。これは、できるだけ多くの方に暮らしの保健室を知って、利用してもらいたかったことが大きい。一ヶ所でずっと来る人を待っているのではなく、こちらからニーズがある方々の近くまで訪れていこうと。また、一つの場所をずっと借り続けるには（特に都心部では）莫大なコストがかかるが、「おでかけスタイル」なら「週に一度ならうちの店の空いてる時間使ってもいいよ」「この日だけならスペース使えるよ」という声に甘えながら、低コストで場所を使わせていただけるというメリットもあった。時には、地元商店街のお祭りに参加して「1day暮らしの保健室」と称し、道ばたに机を並べて、道行く方々の血圧を測り、お話を聞いたりもした。

そうして、地域の中をぐるぐる回っている中で「私はこんなことができる、手伝いたい」「素晴らしい活動だから少しでも何か力になれないか」という仲間も増え、それに伴いできることも増え、まちの中で気軽に頼れる場所として成長しつつある。

暮らしの保健室は「対話を通じて自らを取り戻す場所」

暮らしの保健室では、確かに様々な相談は受けるものの、「ああしろ、こうしろ」と指導する場ではない。本人が何に困っているか、何に悩んでいるかを聞いて、お話しを繰り返していくことで、解決のきっかけを見つけてもらう。つまり、「対話を通じて本人が自らを取り戻す場所」である。時には、暮らしの保健室にたまたま来ていた他の利用者とのおしゃべりの中から、本人の解決のカギが見つかることもある。

あるとき、暮らしの保健室に訪れたAさんは、がん

カフェのような心休まる空間で、コーヒーを飲みながら医療者やボランティアスタッフ、また同じような悩みを抱えた地域の方々と語り合える

患者さんだった。がんと診断され、手術で病気は取り除けたものの、手術後の治療はつらく、また「再発の危険性もある」ということから不安を募らせ、ついには自宅にひきこもり状態になってしまっていた。「このままではうつになってしまうのではないか」と心配した友人が、暮らしの保健室を紹介してくれたのだった。

最初、Aさんが暮らしの保健室を訪れた時、彼女は友人の影に隠れ、おびえるような表情でいらっしゃった。スタッフの石井がコーヒーを出し、「今日はお話したいことがありますか?」と笑顔で話しかけるも、最初は友人ばかりが話し、本人は無言だった。しかし、その後も何度か友人に連れられて来るうちに、表情はやわらぎ、小さかった声にも力がこもってきた。さらにAさんにとって良かったのは、同じ病気を経験した方が、暮らしの保健室に訪れてきたことだった。がん治療で苦労した話を共有し、「病気でつらい思いをし、不安なのは自分だけではなかった」という気づきから、彼女は孤独から徐々に抜け出し、暮らしの保健室で開催されているお灸教室や、化粧の力を利用した化粧療法の会にも積極的に、一人で参加するようになった。

「実は、ここに来る前、他の患者支援団体の集まりにも行ったの。でもそこは会議室みたいな汚い場所で…。ここは落ち着くからすごくいい」

そして最近では、

「病気になってよかったとは言えないけど、前よりちょっと耐えられるようになった感じ」

「暮らしの保健室にお世話になったから、今度は私がみんなを助けたい」

と言って、ボランティア活動にも参加するようになっていった。

暮らしの保健室が具体的に何かを指導したわけではないが、その場所がもつ環境の力、そして人と人との対話とつながりの力が、彼女が生きる力を取り戻すための助けになったのだと思う。

つまり、暮らしの保健室そのものが一つの「社会的処方」であるともいえる。まちの中で、「まずはあそこで相談できるよね」といってつながってもらい、通い続けてくれれば、Aさんのように不安が解消され、自分を取り戻していくことにつながる例もある。

しかし一方で、暮らしの保健室はこの場に来てくれる方にしか、資源を提供することができない。「はじまりの婦人」とその夫のように、暮らしの保健室に通い続けてこられない人に対しては無力だ。

そこで次は暮らしの保健室を中心に、さらなるつながりを生み出す仕組み「リンクワーカー」をご紹介したい。

医療者とコミュニティグループをつなぐのがリンクワーカーの仕事

リンクワーカーとはつながりを作る人

イギリスにおいて、社会的処方は医師だけではなく、看護師やソーシャルワーカー、薬剤師などが行うこともある。しかし、それらの専門職が、地域にあるsinging groupやdrawing lifeなどの「処方先」の情報を持っているとは限らない。

そこで活躍するのが「リンクワーカー」と呼ばれる職種だ。リンクワーカーとは、社会的処方をしたい医療者からの依頼を受けて、患者さんや家族に面会し、社会的処方を受ける地域活動とマッチングさせるのが仕事。イギリスでは主に非医療者が担っており、地域によって「コミュニティナビゲーター」や「ケアナビゲーター」などと呼ばれることもある。

このリンクワーカーがいることによって、医療者が地域の全ての情報を網羅しておく必要はなく、またそのコーディネートのための負担が増えることもない。例えば、1章で聖歌隊に紹介されたMaryさんの場合でも、実際には医師が「Maryさんには社会的処方が有効かもしれない」と考えて聖歌隊についての情報を聞き出したのち、リンクワーカーに連絡を入れている。するとリンクワーカーがMaryさんを直接訪問して、Maryさんの人となりやご希望、好みなどを聞いたうえで、適切なsinging groupとつなげている。ここで重要なことは、リンクワーカーが「地域資源ありき」で、Maryさんとsinging groupをつなげているのではなく、Maryさんにきちんとヒアリングをして関係性をつくり、歌に対してMaryさんがもつ価値に注目し、singing groupへのモチベーションを高めたうえで、最終的につなげている点だ。「私たちがあなたにいい場所を教えてあげる」というアプローチではうまくいかないし、「情報をあげるから行ってきなさい」だけではMaryさんは動いてくれないだろう。実際、ただ「運動しなさい」と指導するだけのアプローチと、実際に運動するための事業やプログラムの担当者にまでつなぐアプローチでは、後者のほうが一週間あたりの運動時間が有意に長くなった、という報告もある。[2] 単なる情報提供窓口ではない、リンクワーカーがいることが重要だということがわかる。

もちろん、医療者が患者さんと地域資源を直接つなげることもあり、必ずしもリンクワーカーを通さなければ社会的処方ができないという仕組みではない。しかし、医療者とリンクワーカーがその知識を持ち寄って、その方にとってよいアプローチを考えられる仕組みがあることは、医療者にとっても患者さんにとっても大きな力になるだろう。

仮に、このリンクワーカーの役割を、暮らしの保健室が果たすことができたら？　「はじまりの婦人」が来てくれた時点で、夫のことも含めてヒアリングを行い、場合によっては直接ご自宅に伺って面談し、そのうえで何らかの社会的処方につなぐことができたかもしれない。もちろん、夫に対して一度の面談で済むはずはないし、よい社会的処方とつながらないという結果になったかもしれない。それでも、リンクワーカーという役割をもって夫へアプローチできる可能性は、高まったといえるだろう。

例えばこんなリンクワーカー：ブロムリー・バイ・ボウセンター

暮らしの保健室がリンクワーカーの地域拠点として機能するとして、そのモデルはないのだろうか？　探してみたところ、それはやはりイギリスにあった。それが「ブロムリー・バイ・ボウセンター（ＢＢＢＣ）」だ。とある古い教会を中心に始まったその活動のストーリーを知るために、私たちはイギリスへ飛んだ。

ＢＢＢＣがあるのは、ロンドン中心部から東へ地下鉄で三〇分ほどの再開発地区近く。以前は運河と造船所があったこともあり、海外からの出稼ぎ労働者、特にバングラディシュからの

イギリスのブロムリー・バイ・ボウセンター

住民たちでタイルを作り、みんなで一枚ずつ埋め込んで整えた庭

移民が多い地域だ。一九八〇年代までは製造業が主だったこの地域だが、二〇〇〇年代にかけてサービス業が主となり、英語やコミュニケーション能力などが必要とされるように変化していった。しかし言語教育などは不足し、海外から移住した労働者とその家族はその流れについていけなかった。狭い地域の中で多くの言語があふれ、住民たちは貧困にあえぎ、政府も様々な施策を行ったがほとんどうまくいかなかった。

そのような環境の中で、地域の教会で働いていた若い女性がいた。彼女はがんだったが、二人子どもがいて、兄弟と年老いた両親の世話もしていたので、病院に入院することは難しかった。病院からかかりつけ医へのFAXがきちんと届かない等のトラブルや、福祉をきちんと利用できなかったことなどが重なり、彼女は十分な治療やケアを受けられずにこの世を去ることになった。「このコミュニティを何とかしないと、同じ悲劇が繰り返される」という危機感が、BBBCを形づくるきっかけとなった。

一九八四年にAndrew牧師が教会に赴任してから三五年の歴史を持つBBBCの活動は、かれと教会に来る一二人のお年寄りから始まった。礼拝以外の時間は、誰にとっても利用できる祈りの場「BBBC」として、教会を地域に開放した。そして住民たちと「私たちには何が必要なのだろうか」「私たちに何ができるのか」と丁寧に対話を重ね、やってみたいことを募ったところ、カフェや保育スペースがもっと必要だと考える保育士などから声が上がり、プログラムが自主的に始まっていったのだそう。いまでも、英語の学習プログラムや、職業訓練としての造園プログラムなど、その全てが住民によって自主運営されている。

ＢＢＢＣ内を案内してくれたDanさんは、庭を見せながら語ってくれた。

「ここもかつては雑草が生い茂る荒れた庭で、ドラッグを使用する若者がこっそり隠れるような場所だったんだ。そこを三〇年のリースで入手し、自分たちで手入れをし、整えたんだ。整備した道に埋めてあるタイルも自分たちで作ったものを一枚一枚、住民と一緒に埋め込んだんだよ。自分たちで、というところがね、ポイントだね。当事者意識が生まれるから」

そして今では、小さな菜園、ガーデニンググループが手入れをするバラをはじめとした草木のエリア、子どもたちが遊べるスペース、カフェのテラス部分など、まぶしく明るい空間となっている。

またDanさんはＢＢＢＣを評して、

「ブロムリーは『コミュニティ・デパート』なんだ」

と、話した。「デパート」とはつまり以下の四つを満たす場所、

◉Ownership：当事者意識をもっていること
◉Accessibility：来やすさ（物理的に、精神的に）
◉Customer service：顧客への尽力、サポート

◉Range of products and services：サービスや商品の幅広さ

ということ。例えば、経済的なことを相談しに来た人に、ウエルカムな態度で迎え入れ相談を聞く。「仕事のことを考えたいなら、素晴らしい人がいるよ」と就労に詳しいスタッフを紹介することもできる。初めてカフェに来たけれど、実は自分の体調も気になっている…という人には敷地内にあるクリニックも紹介できる。土地を持っているから、その土地そのものを生かしたプログラムも考えることができる。それぞれ異なるきっかけで訪れた住民の様々なニーズに対応できる環境ができているのだ。

Danさんはもともと、英語やアートのプログラム教師として関わっていたのだそう。ブロムリー地域に多く住むバングラディシュの女性は、あまり仕事をもたないという文化的背景もあり、出稼ぎにきた労働者の家族は英語や教育に触れる機会が少なかった。貧困は親から子へ連鎖する、教育を受ける機会もまたそうであると話すDanさんは教育プログラムとjob support（就労支援）の重要性を熱弁していた。

ABCD：どんな人でも地域を良くする力を持っている！

BBBCの基本思想としてまず押さえておきたいのは「ABCD：Asset Based Community

Development」という考え方だ。地域を「解決すべき課題の塊」ではなく「解決手段のための資源に溢れたエリア」と捉え、住民が主体となって課題に取り組む参加型プロセスのこと。基盤にあるのは「どんな人でも地域をよくする能力・知識・技術を持っている」という信念。たとえば「貧しい人がいる」場合、問題なのは人ではなく「貧困があること（状況）」。それに対応し解決に向く力をつけるものはなにか？という考え方になる。

そして、地元住民とのパートナーシップを築きつつ、“right for me or other people”（私にとって正しいことなのか、他の誰かにとって正しいことなのか）を考えることが大切。どうやって住民とつながりを持つか？を考えたときに、こういった考えに基づいて多様な人が「いつでも来られる場」があることは大きい。例えば、教会の中を地元のアーティストにスタジオとして使ってもらう代わりに、住民向けのアートプログラムをしてもらったりする。すると、そこに楽しみが生まれる。たくさんの人が集まる。使う言葉は違っても、結果的につながりがうまれる。社会的課題を持ちながらも地域の資源に注目していく、まさにABCDでの活性化！「どうしたらその場所を使いたくなるか？」をデザインしているのだ。ここでもまた「没頭、熱中、表現の場づくり」が登場する。

「やってもらいながら、学んでもらう。このコミュニティにいるそれぞれが、地域のリソースを所有し管理しているという感覚を持てた時、彼らは自分たちのニーズ、興味、そして情熱をどのように満たすかを形作ることができるんだ」

その一方で、地元住民の声を聴くための地道な活動も行っているという。例えば、プロジェクトのフラッグ（のぼり）を立ててコーナーを作り、街中で座る。そして「お話しませんか？」と話しかけて、少しでも興味を持ってくれる人を増やしていく。他にも、住民が思っていることやアイデアを話し合うCommunity Meetingを開催し、住民の方々に集まってもらう。そして出たアイデアの中から、その地域での優先度が高いものと実際の問題を結び付け、プロジェクトとして実行している。

そしてもう一つ、ＢＢＢＣが持っている大きな機能は、独自のヘルスケアセンターを持っていることだ。医療がＮＨＳによる国営事業であるイギリスにおいて、小さな民間組織であるＢＢＢＣが独自のヘルスケアセンターを持つことは、当時とても大変なことだったのだそう。様々な苦労の結果、一九九七年にヘルスケアセンターが設立され、医療スタッフが地域の健康を請け負っている。もちろん、このヘルスケアセンターでも社会的処方は提供される。例えば、患者さんが「ＢＢＢＣの菜園、一区画」という処方を受け取ることもあるのだそう。

「医療者がこのことを知っておくことが大切だ」

とDanさんは語る。

「ロンドンの中でも裕福なエリアと貧困エリアでは、平均寿命が一〇歳違う。『健康に医療が寄与する割合は全体の一〇%である』ということ。あとの九〇%はなにかというと社会的な要因が占める。『仕事を得る』、『自分に自信をもつ』、『成長し合える良い友達がいること』、『自分の持つスキルを知る』、『安定した住まい』、『経済的に困らない』…そういったことなんだよ」

リンクワーカーの育て方：BBBCの場合

BBBCでは独自にリンクワーカーの養成を始めており、教育コースには誰でも応募できる。一対一での対人支援の経験があると役に立つが、そういった経験がないコース参加者は、対人支援について実践的な経験を積んだ組織でのボランティアなどで理解を深めていくことも可能だ。

プログラムの内容は、

BBBCを案内するDanさんと、取材する石井。後ろにある菜園も社会的処方の一つだ

◉Motivational Interviewing：動機付け面談方法
◉Information Governance：情報管理
◉Basic Life Support：一次救命処置
◉Suicide Prevention Training：自殺予防の介入トレーニング
◉Mental Health First Aid：心の応急マニュアル（専門家に相談する前のメンタルヘルス）
◉Specific subject training：虐待や薬物・アルコール依存に対するサポート
◉Making Every Contact Count：「禁煙」、「適度な飲酒」、「メンタルヘルスの改善」、「運動」、「健康的な食事」の五つの分野に特化した行動変容理論に基づくコミュニケーションサポートツール

などとなり、これを週一日×二一回、三ヶ月で学ぶ。イギリスはいま、リンクワーカーを二年間で一〇〇〇人に増やす計画を立てているという。

これまで見てきたように、リンクワーカーの存在、そしてその拠点となるBBBCのようなコミュニティセンターの存在は重要だ。しかし、私たちはイギリスの仕組みを参考にはすれども、それをそのまま日本に導入していけばいいのだろうか？

日本では「みんながリンクワーカー」にしようよ

イギリスにおけるリンクワーカーは、研修を受けてある程度の支援スキルを認定され、また年に何度かのフォローアップを受けながら、そのスキルを維持している。基本的には国、または大きな民間組織の「制度」の中に取り込まれたシステムである。

では、日本でも同じようにリンクワーカーを医療制度の中に組み込み、資格化などを検討したほうがいいのだろうか？　それとも、日本に適した別のやり方があるだろうか？

そこで私たちは考えた。私たちがやりたいことは、イギリスのシステムをコピーして日本にもってくることなのか、それともイギリスの仕組みを参考に、私たちがこの国で新たな仕組みをつくっていくのか、ということを。

「日本でもイギリスみたいにリンクワーカーの資格を作った方がいいよ」

「いや、それだと日本において活動が広まっていかないんじゃない？　みんな引いちゃうし、必要な人に届かなくなるんじゃない？」

「今だって既に、地域資源をつなげる力を持っている人というのはいるよ。それなのに新たな資格をつくって、そういう人たちとの差をつけるの？」

地域資源をつなげてくれる人というのは、決して資格を持っている人に限らない。例えば、ある夫婦が最近、町に引っ越してきたとする。ここでは仮にヨシダさんとしておこう。ヨシダさん夫婦には小さな子どもがいて、奥さんは産後うつに悩まされていたことから、前の町でも「子育てサークル」に顔を出して、自分の子どものことについて同じ境遇の親たちと話し合える場を利用していた。この町でも、同じような場で支援を受けたいと考えて市役所で相談してみたが、市役所で把握しているサークルは既に定員でいっぱいだったうえに、役所内の無機質な会議室で集まって保健師の指導を受けるような場所。前の町で行っていた温かい雰囲気の場とはかけ離れていた。

困ったヨシダさんは、よく行っていたカフェのマスターに愚痴っていたところ、「それだったらタナカさんに相談してみたらいいかもしれないよ」と、その地域のことを良く知る人を紹介してくれた。するとタナカさんが「自宅を開放して小さな子育てサロンをやっている人を知っているよ」と、そのお母さんを紹介してくれた。ヨシダさんは、その小さな子育てサークルがとても合ったようで、喜んで通い、内服していた抗うつ薬も減らせるまでになった。

さてこの場合、ヨシダさんにとってカフェのマスターやタナカさんは「リンクワーカー的」に働いたといえないだろうか。これまでも、日本では「近所のおせっかいおばさん」や「町内会長的な地域の顔役おじさん」などが、その地区の地域資源を把握し、困っている人を見つければ世話をやいたりということが普通に行われてきた。「自分にはできないけど、できる人は知っている」というのは大きな価値だ。そのおせっかいも、最近特に都市部においてはどんどんと減ってきているのは確かだけど、これらのおじさん・おばさんたちを無視して新たな資格制度を作ったり、一堂に集めて研修会を行い「より正しいリンクワーカーの方法を学びましょう」とするのがよいことなんだろうか？

制度にするのか、文化にするのか

日本においてリンクワーカーを養成するときに、「制度にするのか、文化にするのか」というのは悩ましい問題だ。「制度にする」というのは、イギリスのように研修システムと資格の認定を行って、その資格をもった人を中心に社会的処方を進めていくという考え。一方で、「文化にする」というのは、リンクワーカーのコンセプト、心構えやスキルを広く共有し、できる人ができる範囲でやっていこうという考え。

どちらも一長一短がある。「制度」にするなら、リンクワーカーの質はある一定で確保できる。資格が明確であれば、客観的な信頼性も高く医療者との連携もしやすいだろう。何よりも制度は明文化できるから、わかりやすい。その一方で、孤立の問題が既に表面化しつつある現状において、これからリンクワーカーをいちから養成していき、その数を増やしていこうとい

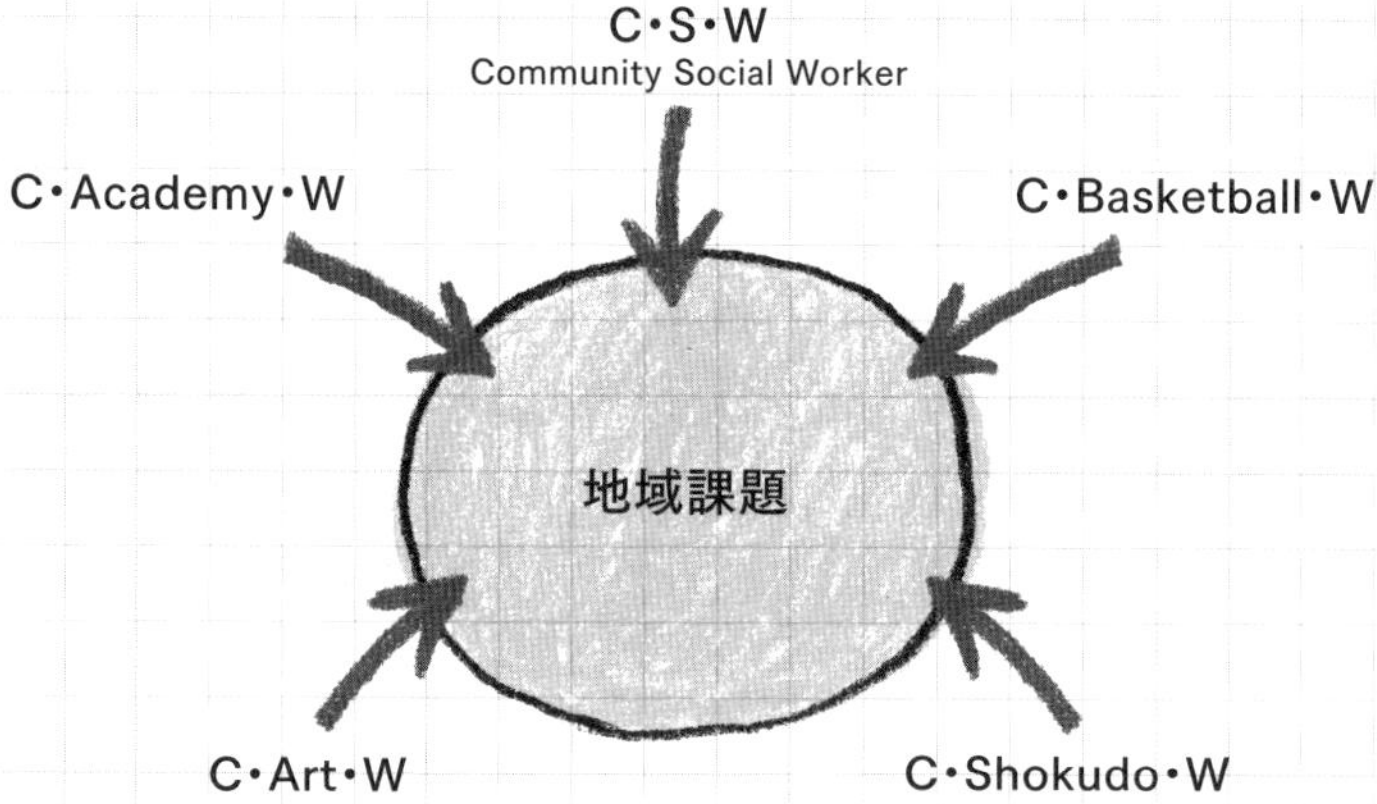

市民全員がリンクワーカー。それぞれの立場で、地域課題に向き合っていく。

うのは明らかに間に合わない。「困っている人」というのは「私は困っています」というラベルを貼って歩いているわけではないし、「助けてほしい」と言い出せない人たちもたくさんいる。リンクワーカーの資格を持っている人がどこにいるかもわからなければ、結局のところ届けたい人に届かない。それに、「資格がなければつながりを作ってはいけない」みたいで、なんだかおもしろくないではないか。「地域で何代も続いている魚屋の大将」とか「町内会長をずっと務めてきたお母さん」とかは、市役所職員が何度訪問しても動こうとしなかった人を、「〇〇ちゃんの頼みとあっちゃ、聞かないわけにはいかないな」という具合に動かす力をもっている。その方々はもう既に「リンクワーカー的」なのに、改めて「リンクワーカーの資格をとりませんか」とするのも形式ばりすぎていないか。

私たちは、リンクワーカーを「文化」にしていきたい。その方向で、日本に広めていきたい。まちにいる誰しもが、つなげるときにつなげる範囲でつないでみる。まちのみんなが「リンクワーカー的」にはたらく社会だ。おせっかいおばさん、顔役おじさんウエルカム。というか地域が三顧の礼で迎えたい、求めてやまない大切な「地域人材」だ。「私はたいしてこのまちのこと知らないから…」とおっしゃるあなたも謙遜しないでほしい。あなたの知っている○○さんが、あなたの持っているちょっとしたスキルが、他の誰かにとっては「お宝」になるかもしれない。だからあなたの持っている知識、地域とのつながり、ちょっと貸してくださいませんか？　みんながそれぞれ持っているちょっとしたつながりをつなげ合うだけで、まちはきっともっと楽しくなる。

ある人は、リンクワーカーを「コミュニティ・ソーシャル・ワーカー（CSW）」という言葉で表現して、その「ソーシャル」の部分をいくつもの職業や立場で置き換えていくのがいいんだ、と語っていた。例えば、あなたが地元のバスケットボールクラブに所属してるならあなたは「コミュニティ・バスケットボール・ワーカー（CBW）」、あなたがアーティストなら「コミュニティ・アート・ワーカー（CAW）」、食堂の経営者なら「コミュニティ・ショクドウ・ワーカー（CSW）」だ。そうやって地域の全員が地域課題を真ん中に据えて、それぞれに社会包摂事業を展開していくという構図が、これからの未来では当然になっていく。

ただ、「明日からあなたもリンクワーカーです、医療者と連携して地域につながりを作った

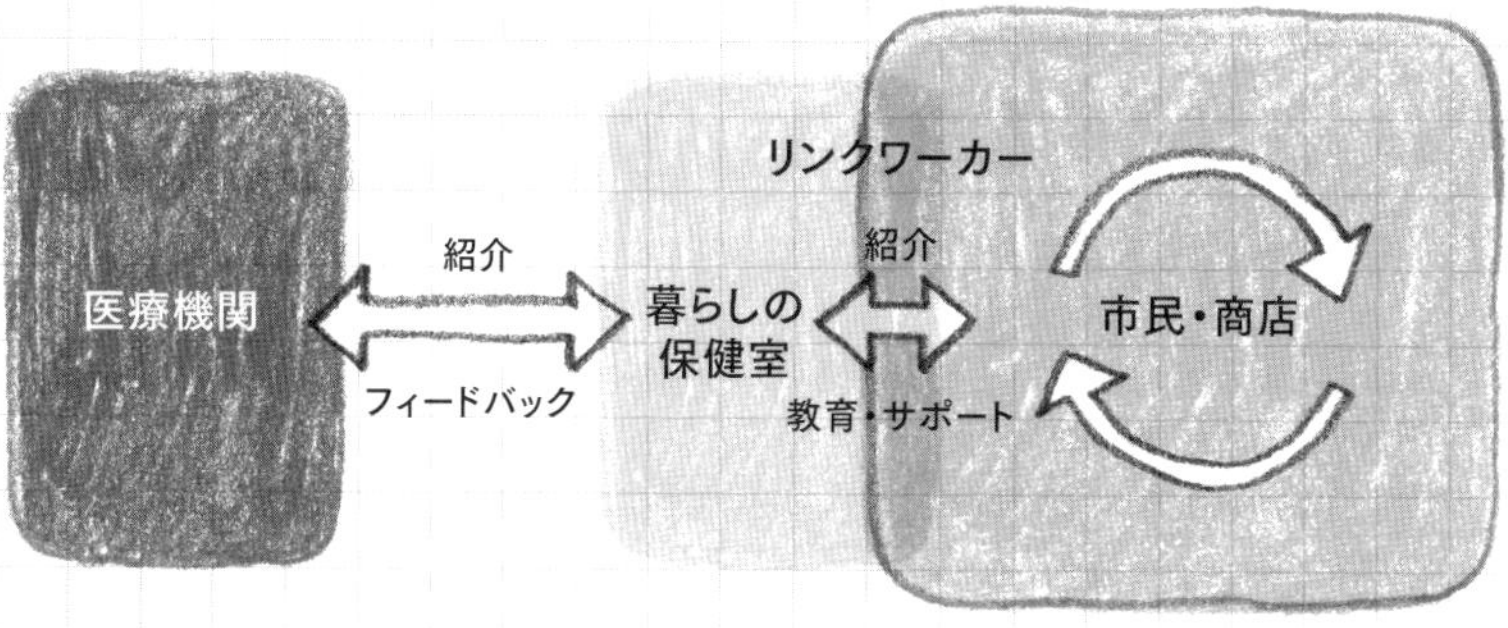

医療機関と市民リンクワーカーを暮らしの保健室がつなぎ、支える。地域によって暮らしの保健室がない場合、それに代わるところを見つけていく。市民の中にも関わりの深さでのグラデーションがある。

り、社会資源を作ったりしていきましょう！」といきなり言われても戸惑うだろう。そこで、病院など医療者と市民リンクワーカーの間をつなぐのが暮らしの保健室の役割になる。暮らしの保健室にいるのは訓練された医療者で、病院など医療機関のこともよく知っている。その一方で、地域に密着した暮らしの保健室なら地域の顔役のこともよく知っている。暮らしの保健室がその間をつなぐのだ。そしてまた一方で、もし市民や地元商店の方々が「リンクワーカーとしてもっと活動したい」という意欲をもち、利用者からの相談を受けた場合に「こういう場合はどう考えたらいいんだい？」とか「せっかくだからもう少し社会的処方について勉強したいなあ」といったニーズが出て来たら、それをサポートする役割も保健室が果たす。実際イギリスでも、その学習段階や実践経験によって「ブロンズ」「シルバー」「ゴールド」と、資格にグラデーションをつけているところもある。私たちはこのような分類はしないけれども、暮らしの保健室と綿密に連携を取りながら学習を続け、実践を深くする市民と、日常で少しだけリンクワーカー的に関わる市民、といったグラデーションが自然とできていくだろう。私たちはそれがいいと考えている。このような段階的な運用をすることで「制度っぽいところも残しつつ、地域に文化を作って支えていく」という構図ができるのではないかと考えている。

「みんながリンクワーカー」になることで、あなたも楽になる

「みんながリンクワーカー」になることで得られるメリットはあなた自身にもある。例えばあなたはまちの美容室で働く美容師だったとしよう。まちなかで働いているうちに、なじみの客もでき、楽しく働いていたある日、一人のお客さんから、

「実は、この前の健康診断で『がんの疑いがある』って言われて…」

という話を打ち明けられたとする。もちろん、あなたにはがんの知識など何もない。でも、目の前のなじみのお客さんのために「何かをしてあげたい」と思うのではないだろうか。もちろんそこで、「うんうん」と黙って話を聞いて「私には何もできないけど、私で良ければいつで

もお話を聞きますよ」と言えるなら、それも一つの正解だ。でも、医療の専門職ではないあなたが「お客さんから受け取った悲痛な思い」を、自分の中できちんと消化できるか？　となるとちょっと難しいことも多いのだ。そして、自宅に戻ってからインターネットを調べたり、知り合いに聞いてみたりする中で怪しげな情報にたどり着き「がんなら○○ってサプリメントがいいらしいっすよ」とか「××っていう治療院だとがんが治るって見ました！」とか言いたくなってしまう。いわゆる「善意という呪い」をプレゼントすることになってしまうのだ。

一方で、「あなたもリンクワーカー」という状態なら、普段から情報にアンテナを張り、このまちの中にどんな資源があるのかを把握できるかもしれない。その時に「暮らしの保健室」というつなぎ先を知っていたら、

「私にできることは何もないけど、『暮らしの保健室』というところがそういう時に助けになってくれるみたいだから行ってみたら」

と、紹介することができる。お客さんの気持ちを受け止めるだけではつらくなる、でも具体的な治療法を提示するのは危険だ、というときに「信頼できる相談機関」の情報を渡せれば、あなたのつらさも楽になるし、そのお客さんにとっても少なくともサプリメントを勧められるよりは有益だろう。

私たちが考える「リンクワーカーらしさ」とそのスキル

「リンクワーカーを文化にする」として、その根底となるコンセプトや心構え、スキルについてはどのように考えるか？　それがこれら、一つの「リンクワーカーらしさ」と、四つの「リンクワーカーのスキル」だ。

まず、「リンクワーカーらしさ」の「人と地域に好奇心を持ち続ける」は一番大切にしたいリンクワーカーのあり方。この地域には何があるのかなと探していこうという姿勢や、こんな面白い人がいるんだ！という感動を大切にできる人は、リンクワーカーとして働きやすい。そういう人のもとへは得てして地域の情報や人が集まってくるため、自然とおせっかいおばさんや顔役おじさんとなりがちだ。

そして四つのスキル。まず「聴く」こと。社会的処方をつないでいく中で、まず当事者のヒアリングをすることが必要になる。それは、聖歌隊につながったMaryさんの例でもそうだったように、その人の人となりや希望、好み、強みや価値観などを聴いたうえでつなげていかないと、結果的にその処方は失敗に陥る可能性が高いからだ。ダメな支援というのは、例えるなら道ばたで「ここから○○街道に出るにはどうしたらいいですか？」と聞かれて即座に、「○○街道ならその道を左に曲がって…」と答えてしまうようなものだ。その人の行き先は「○○街道」

◉リンクワーカーらしさ

人と地域に好奇心を持ち続ける

◉リンクワーカーのスキル

聴く	「おばちゃん力」で入りこむ
経験を宝にする	どんな経験もだれかの「オモロ」になる
笑わせる	嬉しい・楽しい・ふるえる
つなげる	おせっかいは大切に

私たちの考える「リンクワーカーらしさ」とそのスキル

ではないはずだから。そこで「〇〇街道ですか。ところであなたはどちらに行きたいのですか？」と尋ねられれば、本当の目的地がすぐ右手にあるビルだとわかり、尋ねた人に遠回りをさせずに済むということ。短絡的に思い込みで答えを導かない。社会的処方を焦ってすぐにつなげようとしない。「聴く」ことができれば、その人が本当に求めていることが見えてくる。

そしてその時に大事な態度が「おばちゃん力」。おじさんでも「おばちゃん力」。この「おばちゃん力」を言葉で説明するのは難しいのだが、「世間話をしながらも、相手が心を開いて何となく話し出してしまうような雰囲気」といったところだろうか。学生寮の寮母さんとか、保健室の先生とか、スナックのママ的な方々をイメージするのがわかりやすいかもしれない。決して「相談員」みたいに、「さあ聞いてあげるから私にあなたの悩みを打ち明けてみなさい」といったところから入らない。「あなたはどんな人なのかしら」というところから始めて、雑談をしているうちに、相手側から思わず「ちょっと聞いてほしいんだけどさ…」という話がポロっと出てくる。そんな聴き方ができることが理想的。そして相談を受けたら、すぐに解決策を示したくなるかもしれないけど、じっと我慢してひたすらに「聴く」。「そうなの、話してくれてありがとう」がキーワードだ。

二つ目のスキルは「経験を宝にする」。これは、どんな人でも、いろいろな経験をもって生きている。本人は「大したことないのよ」「何もできることなんてないのよ」と言っていても、「オモロ（面白いこと）」はないかな？　ってじっと聴いてみる。その時にポロっと「子どもたちが小さい頃はおそろいの服を着せててね…」なんて言葉が出たら、

「おそろいの服？　それって自作されたんですか？」

「そうよ。もうしばらくやってないけどミシンがそっちの部屋に…」

「それだー！！！」

と喰いつけるかどうか。いまの若い世代でミシンを自宅に持っている人は少なくなっているから、若いママさんたちとこの方をつなげたら面白いこと起きるんじゃないかな？　という発想をしていく。どんな経験も誰かの「オモロ」になる。これは一つの宝探しだ。

三つ目のスキルは「笑わせる」。ゲラッゲラ笑わせるのは芸人じゃないから難しいけど、そう

いうことじゃなくて、相手にも「オモロ！」って思ってもらえるかどうか。「あんた、面白いこと言うなー」って気分良くなってもらうためには「嬉しい・楽しい・ふるえる」っていう体験を、一緒にできる必要がある。間違っても「あなたの洋裁のスキルをシルバー人材センターで生かしてみませんか？」なんて言っちゃダメ。それじゃあ嬉しくも楽しくもないし、心はふるえない。「年寄り扱いすんな！」ってドヤされるかもしれない。実際にその方の洋裁した作品を見せてもらい、褒め、そこからアイディアを考える。「地域のお母さんたちに洋裁教えてくれませんか？　先生になってくれませんか？」とか「端切れ布を集めてみんなで縫って、商店街を覆う大風呂敷とか作れませんかね？　今度のお祭りで」とか話してみて「そうか、それオモロそうだねー」とノッテきてくれるよう話をしていく。こちらが一方的に提案するだけではダメ。相手が「こんなのだったらどう？」と言ってくるのも待つ。そしたらすかさず「オモロいですねー！」だ。

四つ目のスキルは「つなげる」。単なる情報提供ではダメ。きちんとおせっかいをしてつなげよう（その一方で押し付けにならないように注意）。そしてまた、リンクワーカーがきちんと地域資源を提供してくれる側に顔を出して挨拶するということが大切なのだ。地域資源として受ける側は、医療者や患者さん（困っている人）に来てもらいたいわけではない場合もある。きちんと頭を下げてお願いできること。持ちつ持たれつの関係性を作れること。そういったちょっとした心配りと感謝の連鎖を続けることで、利用者さんたちもつながっていけるし、リンクワーカー自身も地域とよりつながっていける。

まずはこの「一つの『らしさ』と四つのスキル」を地域に広めていくことから始めよう。

日本のリンクワーカー：コミュニティユースワーカー

日本では公的に活動するリンクワーカーはまだほとんどいないのが現状だ。その中で、「子どもの孤立をつながりで解決」していこうと、子どものリンクワーカーである「コミュニティユースワーカー（CYW）」の育成に取り組んできた団体がある。それが認定NPO法人PIECESだ。

代表を務める小澤いぶきさんは、児童精神科医時代に出会った「子どもたちの孤立」に大きな問題を感じたという。

「例えばある男の子は、母親のパートナーから日常的に怒鳴られたり、叩かれたりしていました。母親は頑張って養育をしようとしていましたが、自身も疾患がありなかなか養育が難しい状況でした。こうした環境から彼は心に傷を負っていました。夜になると包丁を持った人が向かってくる悪夢を見たり、男の人を見ると聴こえないはずの怒鳴り声が聴こえていたりしたんです。もっと早い段階で、頼れる人が家族や子どもの周りにいたら、と思ったんです」

貧困や虐待などの社会課題の背景に、子どもの孤立がある。日本では一〇人に三人の子どもが孤独を感じ、東京では一〇人に八人の子が「身近に相談できる人がいない」と答えている。困りごとがあっても他者に頼れず、支援が届かないのが現状だ。

「そもそも困りごとを『困りごと』として、言語化できない子どもも少なくありません」

と小澤さんは指摘する。

「子どもたちが孤立の中で生き続け、社会のことを信頼できなくなる明日よりも、子どもたちの周りに、人の想像力から生まれる優しいつながりが溢れる未来をつくりたい。子どもたちは本来、それぞれのストレングス（強み）をもっています。そこに注目できる人たちを市民の中に育てていきたいのです」

このような小澤さんの思いから、二〇一五年にPIECESを設立し、子どもたちと信頼関係を築きながら、地域につないでいく専門家「ＣＹＷ」の育成に努めてきた。ここでの「専門家」は、子どもの願いや声を大切にしながら、ストレングスに目を向けて、様々な機会や文化に接続していく専門家のことである。ＣＹＷとの関わりを通じて、他の人との信頼関係を築くことによって、子どもたちは少しずつ、自分の気持ちや願いが表現できるようになっていく。その中で自分の人生を、自分で選択していけるようになっていくのだそう。その時の「信頼できる他の人」は決して実の親だけではなく、地域における多様な人たちであってよい。子育てを、家族の中で完結させるのではなく、社会に開いていく。それは結果的に、親自身も抱えている苦しさを軽くすることにつながるのだという。

そしてこれからのPIECESはこれまでと違い、限られた人材にCYWという資格を取ってもらうというよりも、CYWの活動が地域の普遍的な文化となるように醸成しようとしている。つまり、市民一人一人が孤立した子どもたちの日常に寄り添い自立までをサポートできるよう地域全体の育成に取り組んでいこうとしているのだ。それは私たち社会的処方研究所が、リンクワーカーを「制度ではなく文化にしていく」ということと考えは一緒だ。PIECESの事業では、人と人との間に「優しさ」が生まれる生態系を作ることを目的に、子どもの周りに優しい関係を生む人を育成していく。そのためには、親でも友人でも先生でもない「市民」が関わっていくことが重要で、市民の大人と子どもが、おしゃべりや遊び、活動を通じて、気軽に話をできる関係をつくっていくことを目指している。そういった意識をもった市民が地域に育成されていれば、市民として生活している関係の中で困りごとや興味関心を聞き、多様な支援や機会につなげていくことができる。

現在、PIECESには多くの困りごとや生きづらさを抱えた子どもたちが紹介されてくる。行政や、スクール・ソーシャルワーカー、子ども家庭支援センター、児童館など公的なセクター

コミュニティユースワーカー／市民が子どもを地域で支える（小澤いぶきさんご提供）

が連絡をくれることもあれば、地域の人や子どもたちを通じて紹介されたり知り合ったりすることもあるという。一方で、適応指導教室に通う不登校の子を訪問したり、児童館と連携してアウトリーチを行ってきた。

その中でも特に興味深いのは「子どもを通じての紹介」。その紹介元となる子どもも、かつては誰にも頼るところがなく、生きづらさを抱えていた子どもたちだが、「気になる子がいるんだ」とか「こんなことをやってみたいっていう子がいるんだ」といって紹介してくれるのだ。または、そういった子どもたちを通じて、その友人関係の話を聞いているうちにCYWがつながっていくこともある。こういったアプローチについて、小澤さんは「アウトリーチの一つのかたち」と呼んでいる。アウトリーチとは、困難を抱えているにも関わらず、自ら支援に結び付くのが難しい人に対し、支援者側から積極的に働きかけて支援をしに赴くこと。一方でPIECESのように、支援者とつながっている別の市民やかつて支援を受ける側だった人を通じて、また次の支援が必要な人へアプローチしていくのも、一種のアウトリーチの形といえるだろう。

そして彼らはそういう子どもたちに対して決して「君は困っているだろう？ PIECESという団体へつないであげるよ」みたいな誘い方はしない。「楽しいところがあるから、おいでよ！」といって紹介してくれる。だからPIECESも、子どもたちが楽しみながらつながりを作っていけるプログラムを用意している。例えば、ものづくり体験の拠点「クリエイティブガレージ」では、企業のオフィスを活用して、プロのクリエイターと小中高生がものづくりに取り組んでいる。例えば、誰もが知るゲーム会社のプログラマーが講師となって、子どもたちと一緒に自分がしたいことを考えるプログラムがある。そこでは、最初はじっとしていることが苦手で、会場を走り回っている子もいたが、その子を否定せずに関わり続けたことで、今では誰よりもゲームやロボットの知識を身に着け、他の子どもたちの世話をするまでになっている。ほかにも、「料理をしてみたい」という子どもがいれば一緒に取り組むし、ボードゲームをしたい子がいれば大人も混じり合って一緒に遊ぶ。アートやデザインに興味があれば、それに合わせたプログラムを一緒に作っていく。そういった関わり合いの中で、それぞれの子どもの強みを見つけ、できるだけそれぞれの子が主役になれるようなイベントを企画したりしているのだそう。そうしていくつもの「自分でできた」を積み重ねていくうちに、自然と困難を乗り越えていく子どももいるという。

また、一〇代ママサロン「もえかん家」では、古民家を借り、地域の方と一緒に若年で妊娠出産した子のサポートを行っている。ここでは、家事、学習、進路の相談など自立に向けたサポートが中心。ただ、単にCYWが一方的に支援をするということではない。様々な経験を乗り越えてきた子どもたちに対し、尊敬の念をもって「隣にいる人になる」ということから、地道に関わりを続けていくことで結果的にサポートになるのだそう。

そして、これらの活動を通じてつながった子どもたちを、適切な専門家へつないでいくことも大きな役割の一つだ。児童相談所やソーシャルワーカー、企業や他のNPO法人など、つなぎ先を多様に持っておくことが大切である。

「今のところ、地域によって受け皿の多様性に偏りがあること、そしてつなげる人がまだまだ少ないので

「クリエイティブガレージ」では、子どもたちの「やりたい！」を大切にする(小澤いぶきさんご提供)

す」

と、小澤さんは課題を挙げてくれた。今後PIECESの活動を通じて、市民が各地域で育成されていけば、どんな環境に生まれ育っても信頼できる人に出会え、様々な文化にも出会える。つまり、どんな環境に生まれ育っても、多様なつながりを保障されて孤立することなく豊かに生きていけるということだ。その未来の姿を目指して、社会的処方研究所も協力して取り組んでいきたい。

参考文献

1 秋山正子『「暮らしの保健室」の始め方』(『コミュニティケア』二〇一九年六月臨時増刊号

2 Murphy SM, et al. "An evaluation of the effectiveness and cost effectiveness of the National Exercise Referral Scheme in Wales, UK: a randomised controlled trial of a public health policy initiative." *J Epidemiol Community Health*. 2012; 66: 745-53.

3章

社会的処方を市民の手で

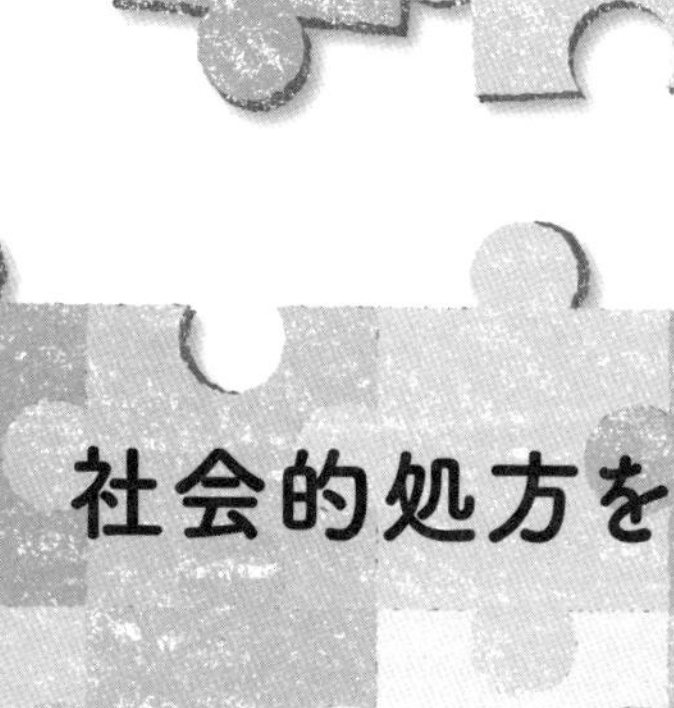

市民による意思決定支援　Lay navigatorとCo-Minkan

社会的処方、そしてその要となるリンクワーカー。「処方」という名前がついていてもこれは決して医療者だけのものではない。むしろ医療者は、地域の中にある資源や人を教えてもらう立場だ。市民が育て、市民が運用し、市民自身がつなげていくものである。

そのような市民主体の取り組みについて、前章ではイギリスにおけるＢＢＢＣを紹介したが、もう一つアメリカのがん領域における市民活動「Lay navigator」について、実際にアラバマ州まで視察に行った横山太郎さん（医療法人社団晃徳会　横山医院　在宅・緩和クリニック院長）に、日本における「Co-Minkan」活動とともにレポートしてもらおう。

この章ではまず、市民が患者の診療に伴走した結果、患者満足度が上昇し、医療費が削減され、緊急入院を減らした「Lay navigator」という取り組みを紹介する。また、それを日本でも広げるための課題や構想を綴りたい。

Lay navigatorの原型は、約二〇年前のアメリカにさかのぼる。[1] 当時、乳がんの検診としてマンモグラフィーという検査が有用であることがわかってきたが、個々人の収入差によって検診の受診率に差が出ていた。そして、その受診率の差はそのまま寿命の差となっていたのである。つまり、貧困や労働の多忙さによる検診受診の差し控えが、命を縮める結果になっていた。これを地域の課題として、受診を促す活動のために立ち上がったのは医療者でなく、その地域に暮らす市民たち。これまで検診を差し控えていた世帯に市民が訪問し、検診を促すという取り組みを始めたところ、それら世帯の短かった寿命が延び、訪問が必要なかった世帯の平均寿命を逆転するまでに至ったのである。この成功体験をもとに、子宮がん検診や臨床試験のナビゲーターも養成し、それぞれ良い結果を残せたため、現在は対象者を若い人から高齢者まで広げ、関わる時期もがんの診断時から終末期まで全てを伴走することとした。この取り組みを行うことで、過剰な医療を減らし、患者満足度を上げ、医療費が下がるのではないかという仮説のもと、市民の伴走者＝Lay navigatorが、アメリカはアラバマ州で生まれたのである。

Lay navigatorの概略は、がんの専門家が市民に教育を行い、その教育を受けた市民が患者の診察につきそうというもの。何か困ったことや、不安があったとしても「まずはあの人に何でも相談できるね」と思えるナビゲーターが伴走してくれるのは、どれほど心強いことか。

Lay navigatorとして選ばれる条件やその方法は、各サイトマネージャーに任されているが、基本的には大学卒業の学位を持っている人を求人広告で募集している。選出される条件の中で一番重要視されているのは、患者に向き合う姿勢。具体的には、病気ではなく健康に着目できることや、患者だけでなく家族にも働きかけられること、医療への能動的参加を勧められること、など。そうして選出された市民が、患者との関わり方、コミュニケーション、医療や介護のインフラはなにかといった知識を、医師、看護師、心理学者、保健師、ソーシャルワーカー、チャプレン（教会以外に属する聖職者）から学んで、Lay navigator として登録される。

活動を始めるときは、医療者チームと Lay navigator の歩幅が合うようにケアマップという計画書を作成し、協働する。Lay navigator の役割は、患者に積極的な医療参加を促すことであり、活動は直接対面だけではなく、メールなども駆使して、患者や家族の支援にあたっている。介入のインターフェースは徹底的に Lay navigator である市民が担う。例えば、ケアマップは電子カルテと連動しているが、受診などのリマインドは病院スタッフの名ではなく、Lay navigator の名前で送られ、その患者の担当者が誰なのかということが常に意識づけられている。この取り組みの結果、患者の満足度は上昇し、緊急入院が減り、その結果として医療費が年間二〇億円削減された。Lay navigator の人件費として一人当たり年間三〇〇万円程度が支払われたが、それでも一〇億円以上の経済効果をもたらしたのである。[2・3]

ただし、日本でこのような活動を行うには課題があることも事実だ。Lay navigator が生まれたアラバマ大学があるバーミングハムは、キング牧師やマルコム X が公民権運動を行った場所。街を歩くといたるところに公民権運動の歴史を学べるモニュメントが存在し、Lay navigator

も、実際に公民権運動にかかわった世代の息子や孫が行なっている。このような歴史や文化に裏打ちされたシステムを、そのまま輸入してもうまくいかない可能性が高い。では、日本の場合どうしていけばよいのだろうか?

公民館とCo-Minkan

アラバマの事例は意思決定支援者を専門職から市民に移したという視点もあるが、市民が学んだことを実行するという社会教育という側面もあるといえる。

日本における社会教育の場としては歴史的に「公民館」が担ってきた。公民館は戦後の日本に民主主義を広げた社会教育施設であり、現在も全国に一万四〇〇〇ヶ所、年間二億人が利用している既存のインフラである。公民館はかつて、地域の人たちの交流の場、知恵の共有の場、一緒に町を盛り上げていくための大切な場所だった。しかし今や、その「年間二億人の利用」のほとんどは同じ人であり、行われている内容も囲碁や将棋といった個人に帰着するものが多く「社会教育施設としての公民館」は、すっかり鳴りを潜めてしまった。

しかし「地域の人と人を繋ぎ、有機的な関係や活動を生み出す」という本来の公民館の機能は、現代においてこそ求められているもの。もちろん囲碁や将棋が悪いわけではないが、社会教

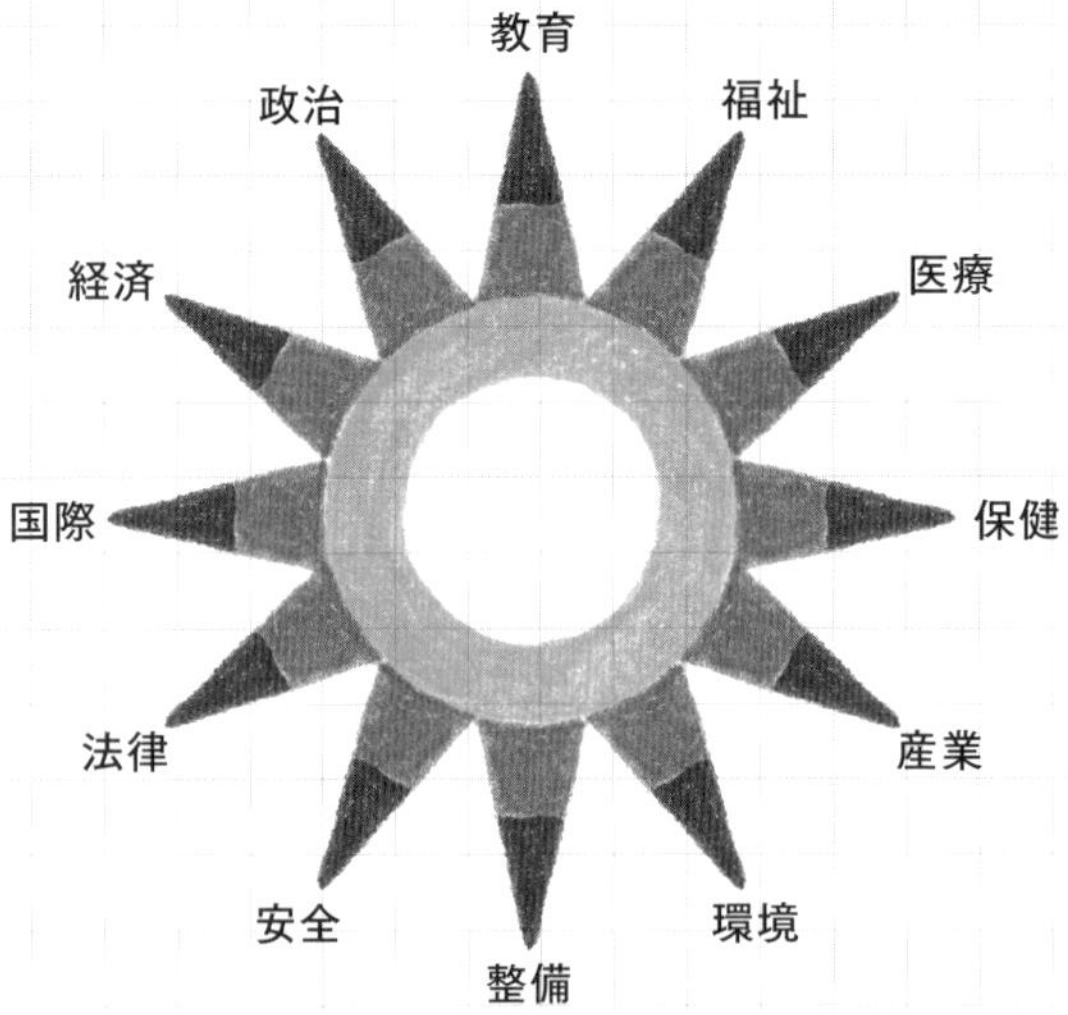

専門性が高まっていくほど、他分野との距離が離れていく

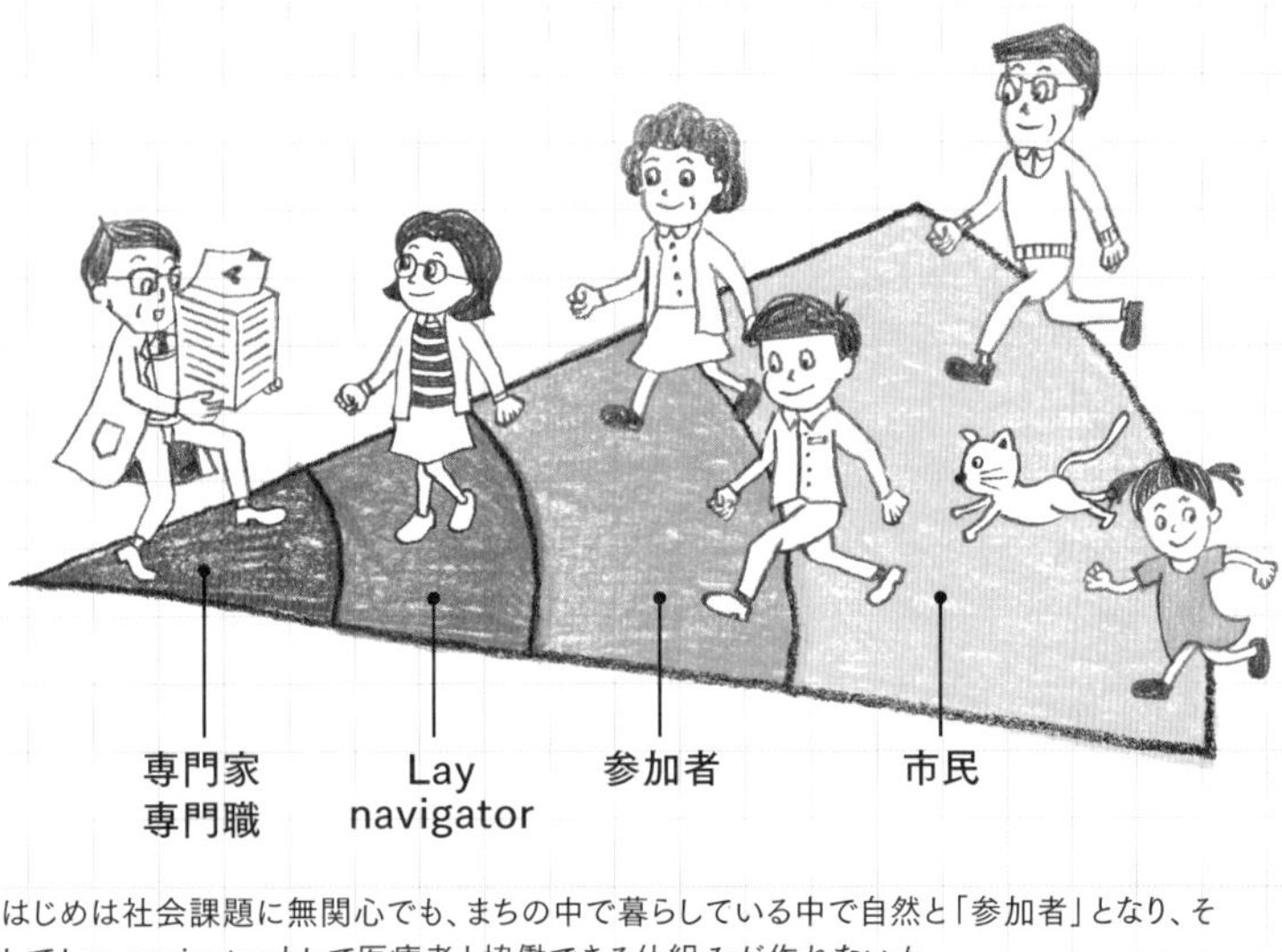

はじめは社会課題に無関心でも、まちの中で暮らしている中で自然と「参加者」となり、そしてLay navigatorとして医療者と協働できる仕組みが作れないか

育施設であるならば学んだことを社会に還元することが必要ではないだろうか。こうなった背景には、予算の問題もあるが、一番は戦後の社会課題であった民主主義を広げるだけ広げて、その後は課題の設定を変化させなかったことにある。では、現在の社会課題は何か？　と言われれば、それは「孤立」であろう。がんの就労や、子どもの貧困、孤独死などの社会課題についても、根幹には「孤立」という問題がある。

実は、戦後に民主主義を広げる時に、社会教育は社会事業から分化し、またその時に分化したのが「社会福祉」であった。そして孤立は社会福祉領域の問題。だから、社会福祉を担う職種が今後社会教育を行うことは必然性すらあると考えている。

ではなぜ、そこに市民が関わっていくのが良いのか？　医療だけのことではないが、社会は専門分化することで発展してきた。しかし、その弊害として、他分野との連携や連続した介入が難しくなった。前ページの上の図にもあるように、専門性が高ければ高くなるほど他分野との距離が開いていく。なので、Lay navigatorのように市民がベースだと患者との距離も近く、ケアの連続性も担保されやすい。

まず必要なのは活動をする人を増やすこと。市民の方々に、社会課題に興味がある「参加者」になってもらい、そして可能であればLay navigatorとして活躍してもらう（前ページの下の図）。ただし、その際の広め方は従来行われてきた市民公開講座のような専門家主導のスタイルではない。専門家主導型ではもともと興味のある人が来るだけで、活動人口全体は増えないからだ。これからはまず人が集い、そして知りたいことだけでなく知らなければいけないことをいつの間にか学べ、その中で挙げられた課題を皆が学び合う「教育ならぬ共育」が行われる、生活者主導型である必要性がある。そんな思いから我々は私設公民館である「Co-Minkan」を横浜に立ち上げ、活動を開始している。

Co-Minkanは暮らしの保健室に似ている。ただ、暮らしの保健室は医療者が主導している部分が大きいのに対し、Co-Minkanの主体はあくまでも市民だ。そこは誰でも自由に、目的があってもなくても来られる場所。来たら、そこにいる人と話したりお茶を飲んだりして単に楽しい時間を過ごしてもいいし、もし疑問や課題に思っていることがあるなら、仲間を集めてものごとが良い方へ向かうように活動していくのもいい。ちょっと誰かに相談したいことや聞いてほしいこと、何となく人と一緒にいたい時などが生活の中にはたくさんある。そんな時、家族ではなくても親身になって相談に乗ってくれたり、興味深い話をしてくれたりする人や場所があったらいいのではないだろうか。Co-Minkanが目指しているのは、そういう思いに応え、人と情報が集まる「まちの茶の間」である。そして、地域の人たちが「つどう」「まなぶ」「むすぶ」ことの出来るCo-Minkanを始めてみたいと思う仲間を増やし、日本全国に展開していくことを目標にしている。日本にある公民館の一〇%がCo-Minkanモデルをとれたら、住民の当

最初は「あおぞらCo-Minkan」だっていい（横浜の公園で行われたCo-Minkanの様子）

事者意識が向上し、自発的な相互学習がすすみ、予備知識が増え、どの情報が正しいかが分かるようになるのではないだろうか。家にある本を持ち寄って自慢してみたり、近所のおじいちゃんと昔の遊びで本気の勝負をしてみたり、家族に言いづらいことを相談したり、おしゃべりしたり。それは特別なことではなく、誰でもできること。場所がなければ、最初は「あおぞらCo-Minkan」だっていい。自由に集まれて、楽しくおしゃべりできる場所ならどこでも。少しずつ顔なじみを増やして、少しずつ地域のつながりを強くしていく。こういった活動を通じて、徐々に日本版のLay navigatorを構築していきたいと考えている。

社会的処方研究所

川崎で「暮らしの保健室」を始めた私（西）と、横浜で「Co-Minkan」を始めた横山さんは元々知り合いだったこともあり、「はじまりの婦人」の事例のことや、イギリスの社会的処方の仕組みのことなどを話し合った。

「日本にも、この『社会的処方』が必要だよ！」

「でも僕らはまだ社会的処方について何も知らないよ」

「だったら市民と医療者が勉強して、実践する仕組みを作ろうよ」

と、話は進み、私とコミュニティナースの石井が川崎に作ろうとしていた社会的処方の勉強と実践の場づくりに、横山さん、そしてもともとCo-Minkan活動をお手伝いしていたstudio-Lの西上ありささんと出野紀子さんが加わるかたちで、二〇一八年四月「社会的処方研究所」は始まった。

社会的処方研究所は、イギリスの仕組みを参考に、日本に社会的処方を広めていくことを目的として一般社団法人プラスケアの中に作られた組織だ。その目的を果たしていくために、研究所は、

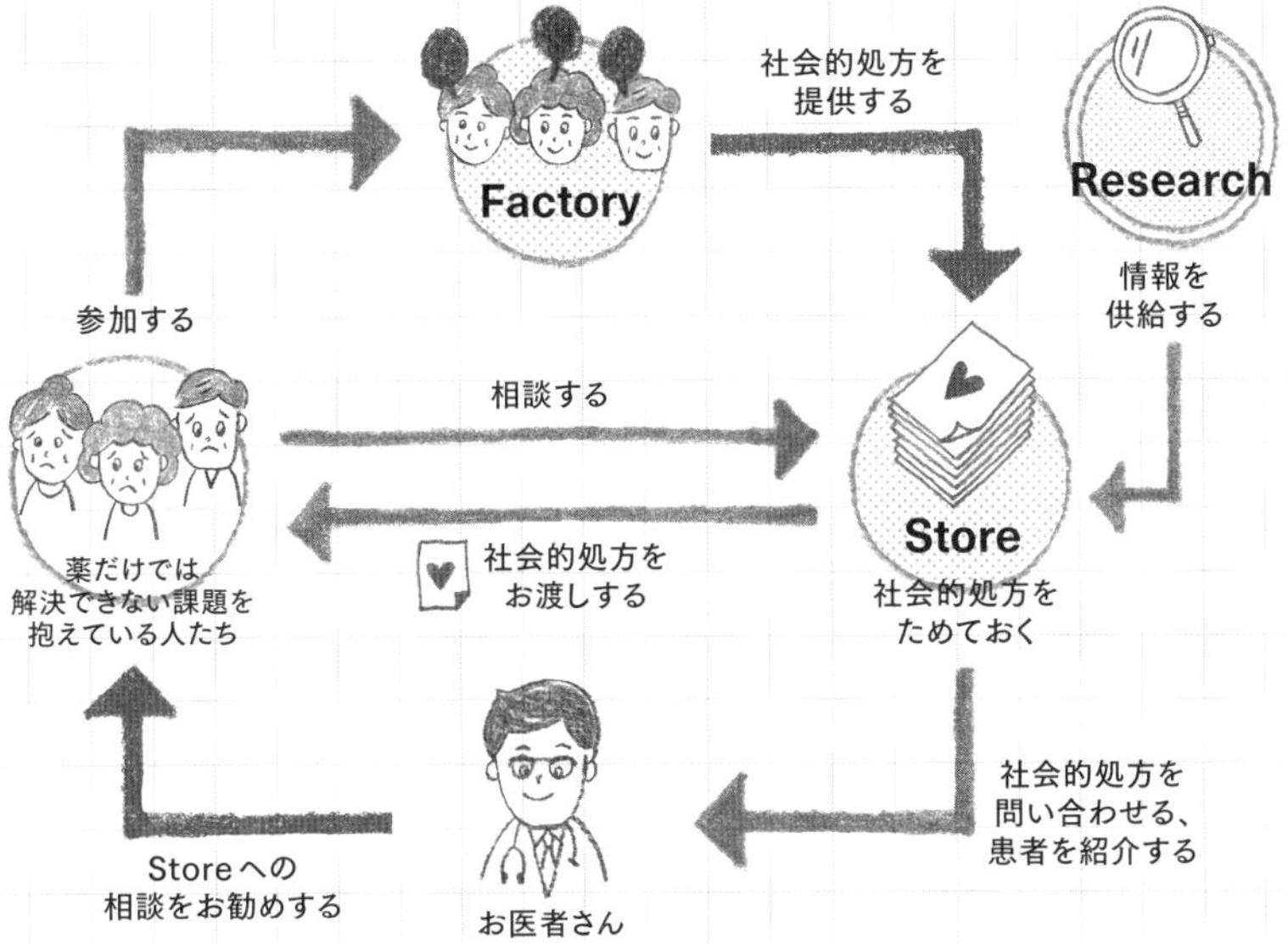

社会的処方研究所の三つの機能

◉Research
◉Factory
◉Store

の、三つの機能を持っている。

Researchは例えるならまちなかに眠っている「お宝」を探しに行く活動。まちなかに出て情報を集めるフィールドワークが基本だが、他にもインターネットなどで調べてみたり、有識者の話を聞いて勉強することも含まれる。

フィールドワークに出るときにつかうツールが『野帳〜Field Note』だ。このField Noteには、まちで社会資源を集めるためのノウハウが詰まっている。まちの中で、面白い活動をしている人、団体、お店をみつけたら、このNoteを片手に声をかけてみよ

『野帳～Field Note』は社会的処方研究所オンラインショップ（https://pluscare.thebase.in/）で購入できる

う。Noteにある、「フィールドワークの六つの手順」と「ヒアリングの六つのポイント」にそって質問してみるといい。

毎朝、地域の人が集まって体操をしている公園。町なかを掃除して回っている若者グループ。夜な夜な、情報交換がされている昔ながらの居酒屋…。

そういったところの情報が、もしかしたら誰かにとっての社会的処方になるかもしれない。

「このまちの〝オモロ〟を教えてください！」

「あなたのされている活動、面白いですね！」

という声かけから、あなた自身の輪も広がっていくかも。

そしてFactoryでは、Researchやこれまで口コミなどで仕入れた情報などを元に、みんなで集まって事例検討のワークショップを行っている。例えば「認知症」や「子どもの孤立」などの事例について月に一回、具体的な解決方法を話し合う（この具体的な様子については後述しよう）。つまり、ここは「工場」のように参加者それぞれが持ちよった材料から、処方せんを自分たちで作っていく活動だ。ちなみに、FactoryやResearchの参加者は医療者ばかりではない。と言うより、医療者の方が少ない。マスコミ関係者やデザイナー、主婦から学生まで、様々な方が参加しており、看護師や薬剤師など医療関係者は二〜三割くらいだ。

Storeは「暮らしの保健室」や「Co-Minkan」など。Researchのデータや Factoryで作った処方せんをデータベースにためておいて、困りごとがある方へそれをお渡ししていく。つまり、ここは実際に医療機関などからの紹介や、口コミで訪ねてきた方へ「社会的処方」をお渡しする場になる。前の章でも述べたように、このStoreには多くの市民がリンクワーカーとしてつながっており、ここ

実際のResearchで書き込まれた野帳。それぞれが様々に書き方を工夫している

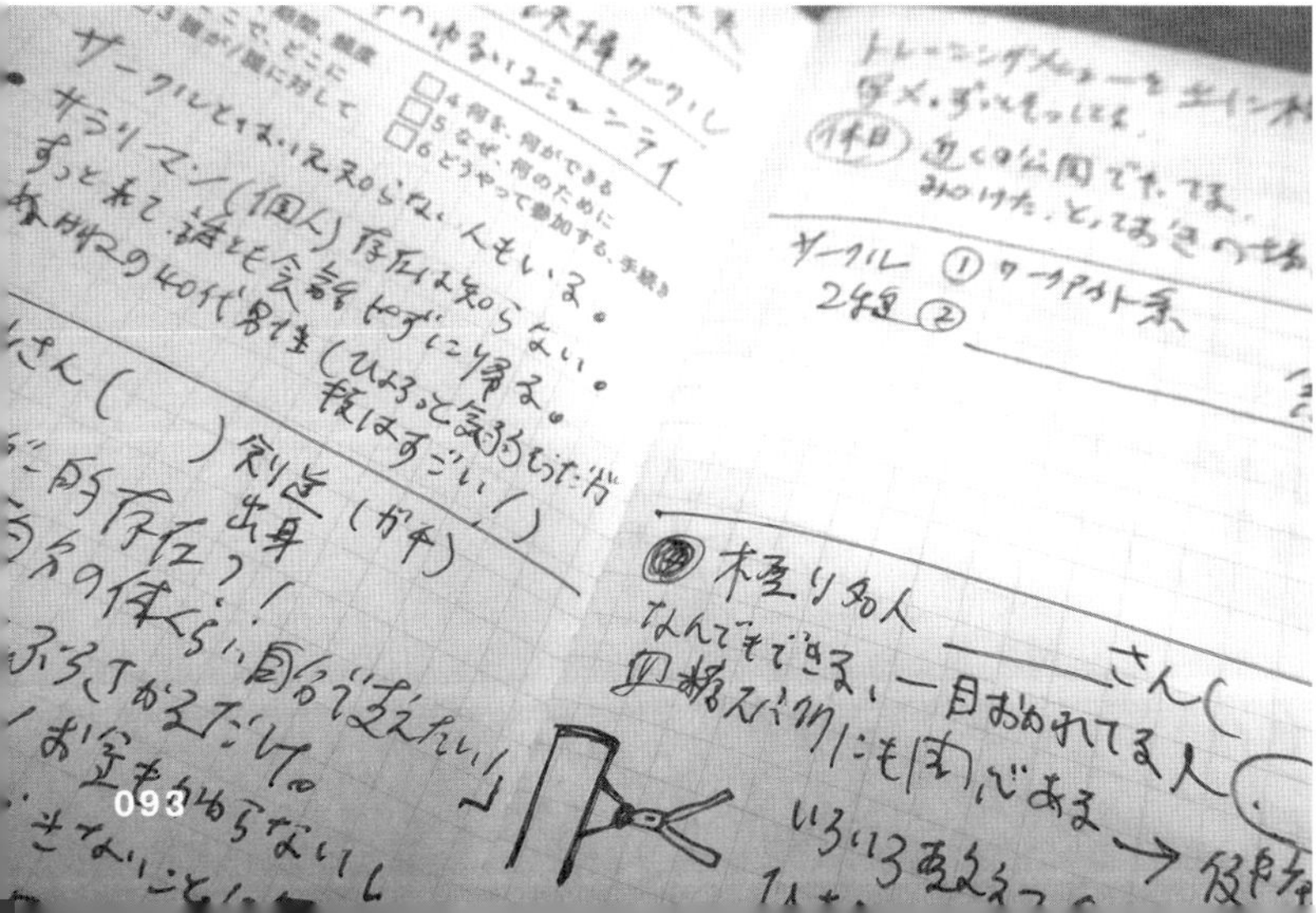

から市民リンクワーカーにつないでいくこともある。

社会的処方研究所を大きく変えた「アカギさんの事例」

さてここで、読者の皆さんにもFactoryで実際にどのようなワークショップが行われているかについて疑似体験してもらおう。Factoryでは毎回、様々な課題を抱えた事例のストーリーを参加者みんなで読み、その後に「この事例の問題点は何か?」「問題点を解決するために良い社会資源はあるか?」という点を、グループごとに話し合っている。

今回は、その中でも「社会的処方研究所にとってターニングポイントとなった」アカギさんの事例について取り上げたい。この日のテーマは「四〇代の非正規雇用」だった。

ある日のFactoryの様子。グループに分かれて、その日の課題になった事例について、一人一人が疑似的なリンクワーカーとなって社会的処方を話し合う

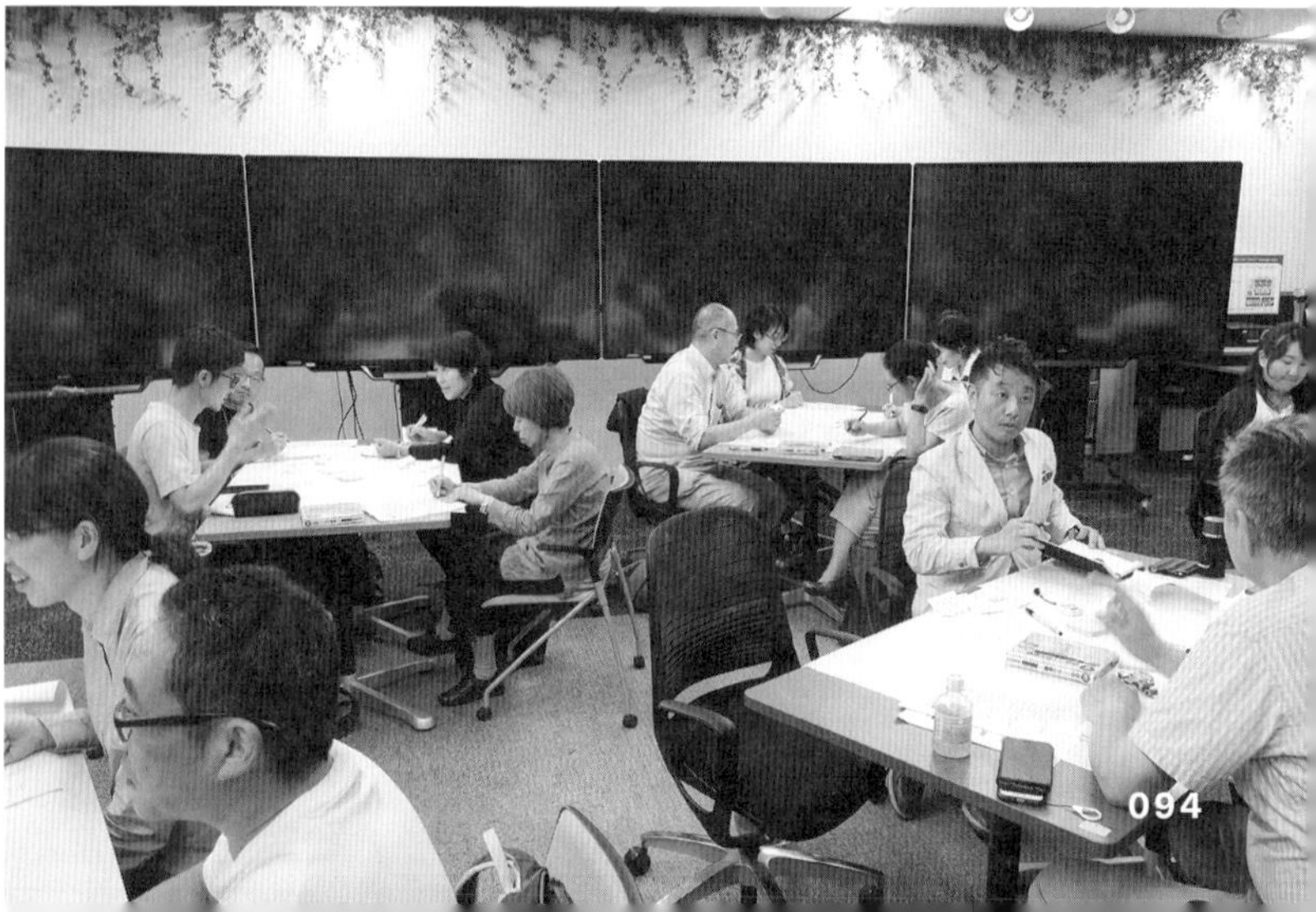

アカギさん　四五歳 女性

アカギさんは栃木で、教師をしていた両親のもとに生まれた。両親は教育熱心で、長女であったアカギさんには非常に厳しく、泣きながら過ごしていたことも多かった幼少時代だった。七歳の時に弟が産まれてからは、両親は優秀だった弟の方ばかりを見るようになり、厳しい教育やしつけはなくなったものの、今度は親からの愛情を感じられない生活に苦痛を感じていた。

高校生になってからは、友人とたびたび夜の町に出かけることが増えていき、そのたびに両親と衝突した。小遣いも減らされてしまったため、年齢をごまかし、居酒屋でのアルバイトを始めた。学校の成績も悪化していたが、両親から「世間体もあるから」と、大学に行くことを勧められ、浪人の末に、東京都内の私立女子短大に入学。

居酒屋でのアルバイトをしながら大学は卒業したが、時はまさに「就職氷河期」真っ最中で、アカギさんは就職に失敗。そのまま居酒屋のアルバイトを続けることに。しかし、三〇歳になったときにバイト先の居酒屋が閉店。半分勘当状態の実家に戻ることも難しく、より家賃の安い川崎市中原区のアパートに引っ越し、元住吉でコンビニのアルバイト生活を始めた。

その後一五年、コンビニのアルバイトを黙々と続けながら生活を続けているが、ほとんど話し相手もおらず、自宅とコンビニの往復だけを続けている現状に不安を感じ始めていた。そんなおり、コンビニの近くで「暮らしの保健室」というのが開いていることを知り、朝ごはんも食べられるとのことで立ち寄ってみた。

家族背景

●両親（六四歳）：栃木県内の高校で教師をしている。娘が思い通りに育たなかったことから、扱いに戸惑いを感じている。未だに結婚もしなければ定職にも就かずフリーターをしていることから、あまり実家には近づいてほしくないと思っている。身体的には健康で、特に持病はない。

●弟（三七歳）：幼少の頃から素直なよい子で、両親に溺愛されて育った。国立大学を卒業し、東京都

アカギさんの四コマ。毎回、コミュニティナースの石井がイラストを描いてくれていた

内の電機メーカーに就職。三五歳で結婚し、今年子どもも産まれる予定。姉のことは気になっているが、自身も仕事が忙しく、ほとんど連絡できていない。

ここまでのストーリーから「では、暮らしの保健室に来てくれたアカギさんに、どのようにアプローチをしていきましょうか」ということを参加者のみんなで考えていく。さて皆さんなら、このアカギさんのケースを読んでみて、「どういった点が問題点か?」「その問題点を解決するために良い社会資源はあるか?」について、どう考えただろうか。

ちなみに、Factory参加者から出たのは以下のような意見。まずは「問題点」から。

◉今回暮らしの保健室に来てくれたのは、アカギさんにとっての「ラストチャンス」かもしれない。ここで何かとつながっておかないと、次に社会とつながるのは二〇年後とかかもしれない。

◉課題として、本人に「目標・目的・役割」がない。

◉非正規雇用のため経済的な問題もありそう。

◉両親との確執も大きな問題だが、まずは自己効力感を高めることが先決ではないか(だから栃木に帰るという選択肢は後回し)。

そして、それに対する解決策として挙がったのがこれらの意見。

◉正規雇用のために就活↓川崎で就職フェスタがある。人とつながる仕事を中心とした説明会らしいからアカギさんにも適しているかも。

◉スナックでアルバイト↓お酒が好きなのであれば、そこから人とつながれるのでは。

◉暮らしの保健室などでボランティアをしてみたら友達ができるのでは？

◉婚活はどうだろう↓街コンに参加してみる。

◉酒つながりでつなげられないか↓近くの神社で「幻の酒を呑むサークル」がある。

◉出身地コミュニティに入ってみる↓栃木県人会とかこの近くにないかな？


なるほどなるほど、皆さんよく考えていますね。具体的な社会資源も出てきていますね…などと盛り上がっていたとき、ある参加者が手を挙げて発言した。

「皆さんは『正規雇用を目指す』とか『ダブルワークをする』とか簡単に言っていますけど、それってすごく難しいことじゃないですか？　実際に相談に来た方に、あなたがリンクワーカーだとして、そんなことを勧めますか？」

「そもそも『コンビニで一五年間働き続けてきたこと』は、アカギさんにとっての大きな強みじゃないですか？　だったら、そのスキルを生かしていく方向で考えられませんか？」

その発言を聞いて、参加者の多くがハッとした顔になり、

「確かに、あなたのおっしゃる通りだわ」

「コンビニで一五年間、というのはすごいことだよね。それはアカギさんにとっての強みになる。サービス業のプロとして、できることたくさんあるはず」

「実は地域のことを色々知っているのでは？　自分もコンビニで働いていたけど、よく来るお客さんの顔とか、よく買うものとか、覚えているものだよ」

「だったらほら、コンビニで『こども食堂』に関われたら、とっても優秀なスタッフになれるよ。よくコンビニに来る子どもや親たちと顔見知りかもしれないから」

と、アカギさんの強みを探して、それを生かす地域資源を考える方向に議論が変わっていった。

1章で述べた「マイナスをプラスにするのではなくプラスをダブルプラスへ」というスローガンや、2章で取り上げた「リンクワーカーの四つのスキル」、BBBCの基本思想の一つであるABCDなど、それらに通底するのは「どんな人でも地域をよくする能力・知識・技術を持っている」という信念だ。この本の中でこれまで、この信念を繰り返し繰り返し取り上げているのは、Factoryが始まった当初、私たちも「マイナスをプラスにする」ということばかりに目を奪われていたからだ。社会的に孤立している人や、生活していくうえでの課題を抱えている人は、確かに何らかの支援が必要かもしれない。しかし、「私たちは支援する側、あなたは支援される側」と一方的に相手を弱者扱いし、「正規雇用を目指すとか婚活とかどうですか」と言ってしまうのは、上から目線で、あまりにも他人ごとのように聞こえないだろうか。そこには「無意識の差別」があり、コンビニでの非正規雇用や未婚である、ということは劣っていることだという先入観があるからこそ、正規雇用や婚活というアドバイスが出てきてしまうのだろう。リンクワーカーがレッテルを貼り、相談側はそのレッテルの既定路線の中だけでしか話を聞いてもらえないとしたら、誰のための支援なんだろう？　ということになる。だからこそ、リンクワーカーのスキル「経験を宝にする：どんな経験もだれかの『オモロ』になる」を意識して話を聴き、プラスをダブルプラスにしていけないかな？　と考えていくことが、重要なのだ。

　社会的処方研究所のロゴは、ジグソーパズルのピースになっている。どんな人間にも、へこんでいるところもあれば、突出しているところもある。その凸凹を矯正して、正方形の人間ばかりになったら、つながりたくてもつながれない。凸凹があって、それぞれがつながっていくから、お互いが支え合い、そしてコミュニティとして強くなっていける。社会的処方を扱うなら、そこを大切にしていこうよ、ということを表現している。

「支援者」という役割を担うと、人は容易に「私という強者が、あなたというかわいそうな弱者を助けてあげよう」という視点になってしまう。悪気はないにしても。でも本当はそこに「強者」も「弱者」も

社会的処方研究所
KAWASAKI

なく、ただ単にいま目の前に見えている部分がたまたまへこんでいるか、突出しているのかの違いだけ。その点を見誤ってはいけない。

孤独を愛する人は、つなげる必要はない？

社会的処方研究所Factoryでは、社会的処方に対して肯定的な意見だけではなく、否定的な意見もたくさん出る。その中でも「そもそも無理に何かとつなげる必要があるのか」という指摘は、毎回のように誰かから出される疑問だ。今回のアカギさんのケースでも、「本人は確かに不安を感じているのかもしれないけど、『友達を紹介してくれ』とか何も言われていないのに、こちらから（つながりを作る）アプローチをするべきなのか」「彼女はこれまで孤独を愛して生きてきた。その生き方を変えてもらう必要があるのか」といった批判があった。確かに孤独を愛する人にとっては、余計なおせっかいを焼かれること自体が面倒くさいし、むやみやたらに「つながり」を勧められても、そのつながり先が自分と合わなければ、苦痛になるだけである。単に「つなげればいい」というものではない。

ただしここで、「孤独と孤立は違う」という言葉で説明できるような気はしている。孤独を愛するのは本人の志向なので、それは大切にするべき。でも、その結果として孤立してしまうのは、これまでの研究結果から明らかな通り、長期的に見て個人的にも社会的にも良いこととはいえない。孤独を愛しているからと言って、その方を孤立させて放置しておくのが良いわけではないということだ。せめて、誰か一人とだけでもつながりがある、暮らしの保健室だけとはつながっている、など、細いつながりでもあるとないとでは大違いだ。だから、その細いつながりの糸を切らないように、「孤独を守りつつ、孤立を解消する」という、ちょっとおせっかいなアプローチが必要なんだろうと思っている。

参考文献

1 Gabrielle B. Rocque, Edward E. Partridge, Maria Pisu, et al. "The patient care connect program: Transformin health care through lay navigation." *J. Oncol. Pract.* 2017; 12: E633- E642.

2 Freeman HP et al: "The history, principles, and future of patient navigation: Commentary." *Semin Oncol Nurs* 2013;29:72-75.

3 Gabrielle B. Rocque, Maria Pisu, Bradford E. Jackson, et al. "Resource use and medicare costs during Lay navigation for geriatric patients with cancer." *JAMA Oncol.* 2017;26:E1-E8.

4 章

まちに医療者が関わる
日本で広がる社会的処方①

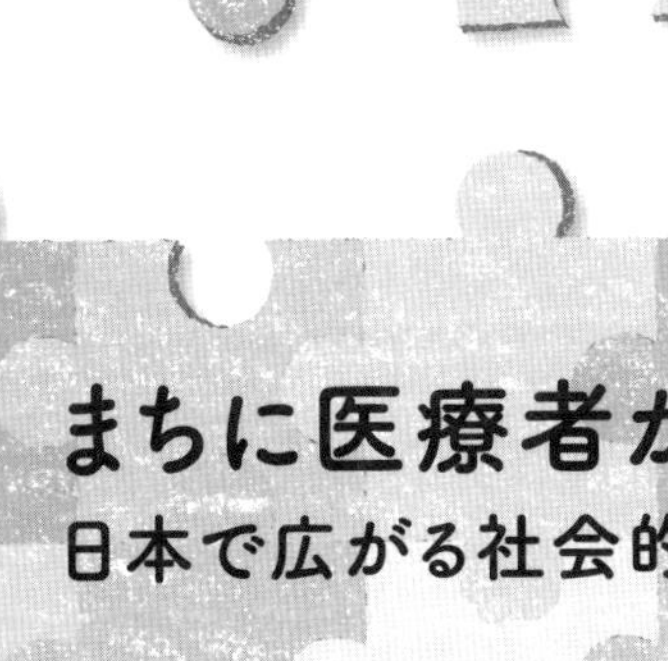

「はじまりの婦人」からはじまった、私たちの「孤立を解決する方法を探す旅」は、イギリスの社会的処方に出会い、そしてその研究と実践の場である社会的処方研究所ができたことで、日本にも足がかりとなる基地を得た。さあここからは、『野帳〜Field Note』を武器に、実際にまちの中に出てみよう。

私たちがこれまで行ってきたResearch（フィールドワーク）の中で気づいたのは、日本の中でもすでに、社会のなかで資源やつながりを耕している方々がたくさんいたこと。それぞれの地域での課題をとらえ、地域と対話し、そして試行錯誤を繰り返してきた方たち。この章からは、日本全国に散らばる、様々な社会的処方の資源や、人と人とがつながるためのアイディアたちを紹介していきたい。そして、それらの活動が社会的処方としてどういった性質をもっているのかも考えてみたい。各項目の最後に、「リンクワーカーの目」として「適応世代」「性質」「こういう人がつながれる」という内容でまとめてみたので

リンクワーカーの目

活動名

活動名

適応世代

どういった世代に向いているか

性質

Research、Factory、Store、Linkageの４種類

こういう人がつながれる

リンクワーカーとして、こういった方々に紹介できそう！という内容

参考にしてみてほしい。

このうち「性質」については、社会的処方研究所の三つの活動＋Linkageという項目を設けた。Researchは、まちの中の資源を探しに行くような性質をもった取り組み。Factoryはまちの中の資源から、実際の活動につなげていこうという取り組み。Storeは暮らしの保健室やＢＢＣのように、相談を受け情報の受け渡しをする拠点となるような取り組み（リンクワーカー的な活動を含む）。そしてLinkageは、実際にリンクワーカーから紹介される「つなぎ先」としての活動を指す（イギリスの例におけるsinging groupやアートプログラムなど）。

この章では、「まちの中に医療者がとびこむ」というテーマでいくつかの事例をみていきたい。まずは、まちの中へ「屋台」という一風変わった方法で飛び込んでいった、守本陽一さん（公立豊岡病院）のレポートから見てみよう。

医師が屋台をひいて、コーヒーを配る

「なにをやっているんですか？」

と、商店街で通りかかったご婦人が怪訝そうに僕らに声をかける。

「コーヒーを無料で配ってるんです。よかったら飲みませんか？」

僕らがそういうと、ご婦人はますます不思議そうな顔をした。何かよくわからないけど、面白そうだなと思ってくれたのか、ご婦人はコーヒーを受け取ってくれた。

「コーヒーおいしいですね」

と、温かい声でご婦人は答えた。

「ご婦人こそ、どちらに向かっていたのですか」

僕らはそんなたわいもない話をした。そのうち屋台の屋根に付いている聴診器を不思議がる人もでてくる。僕らが医師や看護師であることを伝えると、最初はどこか腑に落ちなそうにしながらも、だんだんといろんな話に発展していく。「面白いことやってるねー」と友達を呼んでくるおばさん、「病児保育がなかなかみつからない」と福祉の相談をするお母さん、「病院にいかん

モバイル屋台のまわりに体操帰りのお母さん方と、桜を見に来た近所の人と、屋台を運んできた医療者が集まる（守本陽一さんツイッターより）

でも、わしは健康！」というパチンコ帰りのおじさんもいた。道端に置かれた「モバイル屋台de健康カフェ」の周りには不思議と人が集まってくる。

医療で人は呼べないという原体験

僕はふだん、兵庫県北部豊岡市にある公立豊岡病院で研修医として働いている。関東で、兵庫県は日本海に通じてるとか雪が降るところがあると言うと、とても驚かれる。豊岡市はそんな山間にある人口八万人の地方都市だ。城崎温泉やスキー場、カニ、但馬牛など、観光資源はたくさんある。最近では、世界的な劇作家である平田オリザさんが豊岡市に移住するニュースで知っている人もいるかもしれない。それでも豊岡市も例に漏れず、地方における医療問題を抱えている。医師不足、コミュニティの希薄化、過疎化などなど。

そんな地方の医療・健康問題の解決のために、二〇一四年当時、医学生だった僕らにできることはないかと考え、「地域診断」を始めてみた。地域診断とは、ヒアリング、フィールドワーク、統計データから地域の健康課題を見つけて、政策立案につなげること。保健師さんが普段からされている活動を応用して、学生である僕らが地域の医療課題を解決しようと考えたのだ。その結果、「豊岡市民は救急要請を遠慮してあまりしない」という課題を見つけた僕たちは、学生だけではなく、市長、医療者、市民の皆さんに集まってもらい、それぞれの立場からできることを考えてもらった。そして、「病院のかかり方に関する医療教室を行うのがいいのでは」という結論に。学生の活動ということで地元の新聞でも取り上げてくれ、さぞや多くの人が来るだろうと思っていた。

そして迎えた医療教室初日。参加者はまさかの一人だけ。がくっと崩れ落ちる音が聞こえたような気がした。新聞で取り上げもらって、市長にも協力してもらって、参加者が一人だけ？なんで来てくれなかったんだろう？　来なかった人たちは何をしているんだろう？

でもすぐに考え直した。その日は日曜。みんなやりたいことはたくさんある。映画も見たいし、カフェにも行きたいし、ダラダラもしたい。そんな生理的欲求にも増して、医療教室に行こうと思う人は余程の健康意識を持っている人だけだ。そんな人は僕らが病院のかかり方について説明しなくても、すでに情報を知っているはず。僕らはむしろ医療や健康に関心がない人、つまり「日曜に映画を見ている人たち」に医療情報を届けないといけないんじゃないか。そんな人にこそ大切な医療情報だから、知ってほしい。でも「健康教室に来てほしい」ということだけを訴えることは、「健康の押し売り」かもしれない。押し売りせず、効果的に伝えるにはどうすればいいだろう。

そうだ、映画より面白そうなことをやれば、集まってくるんじゃないか。おしゃれに、楽し

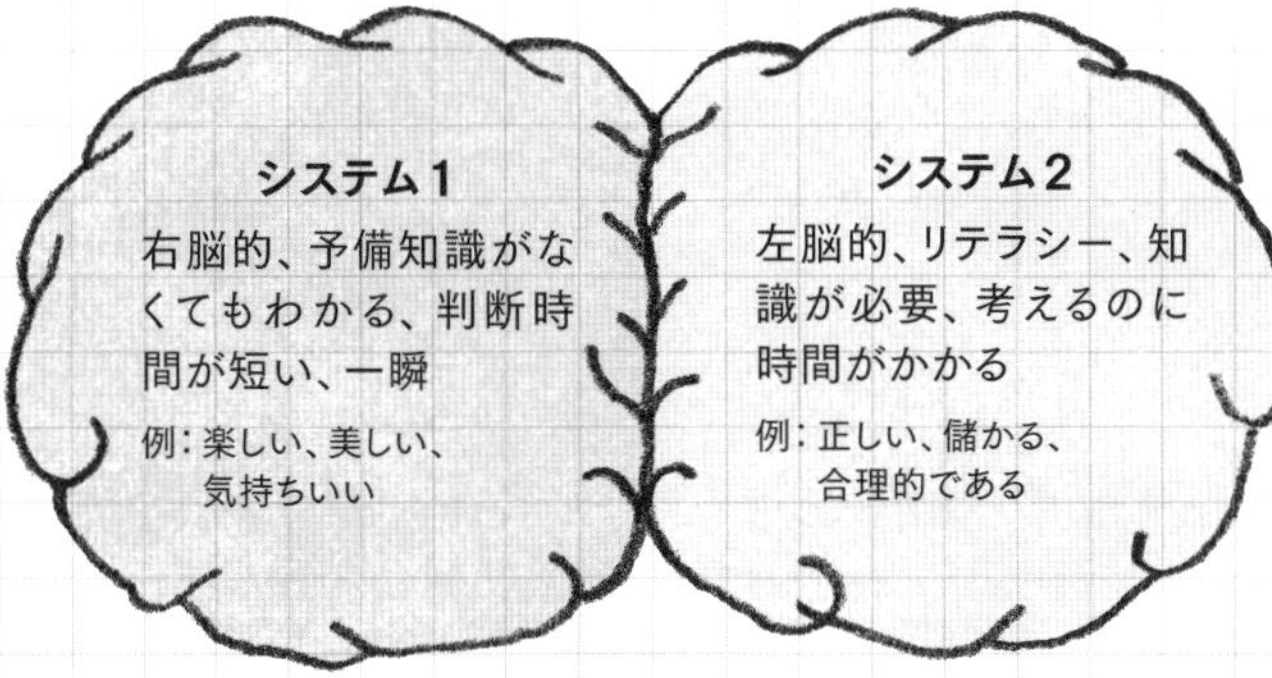
システム1
右脳的、予備知識がなくてもわかる、判断時間が短い、一瞬
例：楽しい、美しい、気持ちいい
システム2
左脳的、リテラシー、知識が必要、考えるのに時間がかかる
例：正しい、儲かる、合理的である

システム1とシステム2の違い。社会的事業をするときに、「世のため人のためになることをしよう」と考えると往々にしてシステム2に寄った企画を考えがち。でも人はシステム1の要素がなければ動かない。

く、医療情報を伝えたい。行動経済学でもこのような考え方は、理にかなっている。人は直感的なシステム1と理性的なシステム2という思考モードがある。そして、システム2よりもシステム1の方が優先される傾向にある。例えば、糖尿病の患者がケーキを目にした時、食べないという理性的な判断よりも美味しそうという五感に訴えかける直感的な判断が優先され、ついつい食べてしまうのが一例だ。大切な医療情報より日常の面白いこと、楽しいことが優先されてしまうのは仕方ない。だったら、医療側も理性的なシステム2ではなく直感的なシステム1で訴えればいい。そう考えて、街中で何か面白いことをやってみることにしたのだ。そんな時に出会ったのが、モバイル屋台de健康カフェだった。

「医療者である〇〇さん」から「モバイル屋台の〇〇さんは医療者だった」に

モバイル屋台de健康カフェは東京大学大学院医学教育国際研究センターの孫大輔先生と密山要用先生らとともに「谷根千まちばの健康プロジェクト」と呼ばれる地域住民の健康度向上のための研究の一環として、東京・谷根千地域で始まった。「地域のつながりがどこにあるのか、実際に見にいこう」という趣旨で、医師や看護師が屋台を引いて街に繰り出したのだ。そうすると、まちの中には銭湯や路地といった場所などに、健康のキーパーソンのような住民がたくさんいることが見えてきた。アロマセラピストや、お茶から健康にアプローチするティーマイスターの方、薬局のおっちゃんなど。それは谷根千独自の地域のつながりだった。

その一方で、医療者が屋台を引いてまちに出ることの意味にも気づいた。それは、コーヒーを配ることでまちと医療がつながること。入り口がコーヒーや屋台ということで、世代に関わらず、住民が気軽に医療者・専門職の人たちとコミュニケーションがとれて繋がることができた。屋台という場が「医学生である守本くん」ではなく、「屋台やってる守本くんは医学生」という関係性に変えていく。医師という肩書きではなく、その地域に住む一人の住民として、受け入れられていく。「地域の中に当たり前にいる医療者」という存在が根付いていけば、地域の健康格差や医療へのアクセスも改善されていくのではないか。そこで、行き詰まっていた豊岡でもモバイル屋台de健康カフェをやってみることにしたのだ。

巻き込むことで、その人らしさを内包する

豊岡でモバイル屋台de健康カフェを始めるにあたっては、いろんな人を巻き込もうと考えた。多様な人を巻き込むことでより多くの住民と医療をつなげることができると思ったからだ。まず二〇一六年、モバイル屋台を買うために、クラウドファンディングで支援を呼びかけた。クラウドファンディングはお金をもらうだけではなく、応援する人、活動にコミットしてくれる人を増やすこともできる。

またモバイル屋台を組み立てる段階でもいろんな人に関わってもらうために、映画館の前で屋台の製作を行った。住民の方と一緒に屋台を作ることで、僕らだけではない「みんなの屋台」にしたかったからだ。ちょっと通りかかった若い女性が二度見していく。

「屋台作ってるんですけど、よかったら手伝ってくれませんか?」

というと、ちょっと驚きながらも、側面のペンキを塗るのを手伝ってくれた。

そうして完成した屋台を引いて歩いてみる。ただ、屋台とコーヒーというちょっと面白そうなものでも、豊岡の人は声をかけてくれなかった。では、よりとっかかりを増やしてみるのはど

屋台の周りで思い思いに過ごす（守本陽一さんご提供）

うか？　と色々なことをしてみた。例えば、モバイル屋台の上に本棚を設置してみる。小説、コラム、街づくりなどの本を置いてみると、少し話のきっかけになった。ほかにも、新年は書き初め会をやってみたり、夜はビールサーバーでビールを配ってみたり。屋台の側面を黒板にして、子どもたちが絵をかけるようにもしてみた。地域の住民の方、それぞれが刺さるポイントが違うので、実験的に。

そうして、とっかかりを増やすと、様々な方が集まってくる。いぶかしげに見ていた方を「コーヒー飲みませんか？」と誘うと、話が弾み、活動の意図を話すと、それなら！　と、友達を呼んできてくれる。そうして屋台の周りにはたくさんの人があふれていく。思い思いの世間話をはじめていて、健康とか屋台とか関係なく話している皆が輝いてみえる。いつの間にか屋台の周りが、その人らしさを表現できる場所になっている。モバイル屋台de健康カフェのふだんは、そんな感じになっていった。

巻き込まれることで、気づいたら健康になる街へ

一方で、巻き込まれることも時には大切だということに気づいた。巻き込もうとすると、巻き込もうと狙った人しか集まらない。だからこそ、ちょっと流されてみる。少しずつモバイル屋台de健康カフェの知名度が上がってくると、あちこちから、「こんなイベント出てみない？」「今度出展して欲しいんだけど」といった依頼が舞い込むようになった。それにちょっとのっかってみる。例えば、豊岡市には、アーティストインレジデンス（招聘したアーティストに一定期間滞在してもらい作品制作を行ってもらう事業）の拠点として世界からアーティストが集まる城崎国際アートセンターがある。滞在アーティストは、宿泊・舞台・スタジオなどすべて無料で使えるかわりに、滞在の中で豊岡市民向けに公演やアートワークショップを行うことになっている。ある劇団が滞在した際に披露してくれた演劇は、漁師が住むマンションの隣に認知症患者とその家族が引っ越してきた話。お互いに少しずつ関わり合うことでそれぞれの家族の想いが変わってくるというストーリーだった。認知症に関する演劇なので、ぜひ来て欲しい、とアートセンターの館長にお誘いいただき出展することになった。このときは、

「認知症になるとああいう行動をとってしまうものなんでしょうか」

「認知症の家族がいるんですが、今後どうすればいいでしょうか」

といった話題を屋台にもちこむ方々で盛り上がった。たまたま演劇を観に来た人たちが、医療や介護に触れることになり、その想いを医療者と話すことができる環境を演出できたことはとても意義があることだった。

また、豊岡のまちを舞台に書き下ろされた小説を片手にまちを歩くツアーパフォーマンスにも出展した。小説の一場面が、国内外で活躍する映像やダンスのアーティストと、豊岡を拠点に活動する音楽家や彫刻家によって、街なかに描かれる。参加者は、街角の古い建物を利用した映像作品や、路地裏のパフォーマンスなど、複数の作品を観ながら小説を読み進めていく。そんな中で僕たちは、「雲職人」が作中に出てくることから、この日はコーヒーではなく、雲を意識した「牛乳」を屋台で配ってみた。参加者も「え？　牛乳？　医者？」と、驚いたのだろう。アートを求めてきたのに、「気づいたら、医療について話していた」という偶然性のデザインが、モバイル

小説に出てくる「雲職人」の家。築90年の医院をリノベーションした「& gallery」

屋台de健康カフェの特徴なのだ。

健康教室に集まるのとは違った人たち、普段健康なんて考えないような人たちと話す機会があることは、徐々に地域の中に当たり前のように医療が馴染んでいくきっかけになるはずだ。「気づいたら、医療について話していた」という始まりから、いずれ「気づいたら、健康になっていた」という街になっていく。モバイル屋台de健康カフェは、まちとケアの関係性を変えるものだと僕は信じている。

小規模多機能なモバイル屋台の役割

「モバイル屋台って、健康相談をしているんですか？」「モバイル屋台の目的ってなんなんですか？」と、取材に来た人たちからよくきかれる。医師がコーヒーを配るというかなり怪しげな活動。色々見たり、聞いたりしているけど、結局何が目的なのかよくわからない。となると、このような質問をされるのは当然といえば、当然だ。

当初、谷根千でのモバイル屋台de健康カフェは、地域のつながりを見つけるために屋台で街中に出ていくことが目的だった。その中で、地域の中の医療と住民の関係性を変える可能性があると考え、豊岡で実践した。ただ、それだけではなかった。コーヒーを飲みながら行われるカジュアルな対話の中で、健康相談にのることもできる。屋台とコーヒーという医療とはかけ離れた環境で行われる健康相談は、より本音の対話ができる。世間話の延長線上で健康相談にのることができるのだ。

また、変わった活動を聞きつけ集まった医療職も多かった。意識の高い勉強会には絶対に来ないが、屋台とコーヒーを使うことで、面白い医療者たちが集う場所ともなった。結果、ケアとまちの関係性を変えるだけではなく、まち全体のつながりの編み直しにもつながっていた。「屋台」という装置が、コミュニケーションの磁場となり、日常会話が発生する。健康をめぐる対話が生まれ、またコーヒーを飲みながら、リラックスできる場所ともなる。子どもたちにとっては遊び道具となり、大人たちにとっては憩いの場となる。銭湯、昔ながらのカフェ、公園などと同じ、地域のつながりの場の一つにもなりうるのだ。そんな多用な役割を持つモバイル屋台de健康カフェはいうなれば、「小規模多機能な場」である。

小規模多機能な場は、関わり方も自由だ。ふらっとコーヒーを飲むだけでもいいし、心地よければ、度々立ち寄ってもいい。その次はコーヒーを配る側になってもいい。それぞれが自分の心地よい関わり方ができる。なんの前触れもなく、街で歩いている人に声をかけると不審者だけど、屋台とコーヒーがあれば、「カフェ的な何か」だと思われる。カフェ店員として街の人たちとしゃべる。普段は医師という役割を演じている僕たちには、ただ話しかけるより、カフェ店員という役どころがちょうどいい。コミュニケーションがうまくない人でも、店員という役割を着れば「コーヒー飲みませんか?」「コーヒー美味しいですか?」と声かけができる。医療者と住民のコミュニケーションを促進する触媒として、「屋台」と「コーヒー」がうまく働いているのだ。まずはカフェの店員という役割を演じることを医療者が楽しむ。コーヒーを配っている医療者側が楽しんでいると、もらう側も楽しんでいるように見える。まず活動を続ける自分たちが楽しむことが、無理なく続けられる要因の一つになっている。

大切なことは、自分の心地いいコミュニティで、自分らしさを表現できること。ありのままの自分が受け入れられることなのだと思う。そういう意味で、モバイル屋台de健康カフェは、多くの人がふらっと訪れ、思い思いの形で関わっていく。そんなコミュニティを作っていることは、社会的処方のくすりを調剤していることなのだろう。

リンクワーカーの目

Link Worker

活動名

モバイル屋台de健康カフェ

適応世代

全世代

性質

Research & Store：まちの資源を探しに行くフィールドワークの一つの形であり、同時につながりを紹介できるStoreの役割も果たせる

こういう人がつながれる

ちょっとしたことを医療者と気軽に話してみたい、コーヒーが好き、本が好き、おしゃべりが好き、「とりあえず誰に相談すればいいかわからない」という方など。

食べることを通じて孤立を防ぐ　「みんなで食べる」が生きるを支える

「食べることは生きること」とはよく言われることだ。確かに、よく食べることは生きることそのものにつながるし、食のテーブルは人と人とのつながりにも通じる。

それに対していま問題になってきているのは「孤食」。農林水産省が二〇一六年に行った調査の中で「家族で朝食を食べる頻度」に関する回答を見てみると、「ほとんど毎日一緒に食べる」が五八％である一方で、「ほとんど一緒には食べない」という回答も二〇％をこえている。[1]夕食になると、「ほとんど一緒には食べない」は六％弱まで低下するが、週に二〜三日以下、というところまで幅を広げると二〇％をこえてしまう。そして一日の全ての食事を一人で食べることが「ほぼ毎日」というのは一三％にのぼる。その「孤食」の割合は、二〇一四年に行われた同様の調査に比較して悪化傾向である。[2]一人で食べる理由としては、「一人の方が都合がいい」「自分の時間を大切にしたい」という方もいるものの、本当は一人では食べたくないが「家族と食事の時間や場所が合わない」「一緒に食べる人がいない」という方が多かった。

孤食が問題になっているのは大人だけではない。Research中に、とあるお母さんから話を伺う機会があった。

「私の娘が小学生なんですが、夏休みとかで昼過ぎから子ども同士で遊ぶでしょう。時々、昼ご飯どきに遊びに来たりするから、『娘はまだご飯終わってないんだけど、○○ちゃんは食べてきたの？』って聞いてみたら、食べていないって言うんです。それで、家にあげて昼ごはん食べさせてたら、後から来る子どもたちも、みんな昼ご飯食べていない。それどころか朝ご飯も抜いている。両親が共働きで、お金だけもらって『コンビニで買って食べてね』って言われているらしいのですけど、子どもたちが食べないんですね。でも、食べたくないわけではなく、こうやって家に集めてご飯を作るとみんな喜んでたくさん食べていく。お金だけあっても、一人ぼっちで食べたくないんですよね」

いま、個々の生活スタイルがバラバラになり、一緒に生活している中でも食事のタイミングが合わないという家庭は増えてきている。一方で「家族」という概念が拡大し、必ずしも血縁姻戚関係になくても、地域や建物内で「家族的」に生活する他人というコミュニティも増えてきている。「食べる」というテーマで、地域の方が家に集っていくパターンもあれば、集まって活動をしているうちに「みんなで食べる」が日常になっていった活動もある。また、飲食店を地域に開いていく中で、食を通じてつながりが増えていくような取り組みもある。先の調査で、家族以外の、地域や所属コミュニティでの食事会などの機会があれば参加したいかどうか、という質問に対しては、あまり参加したくないというのが三三％であったのに対し、四五％の方は参加してみたいと回答し、家族以外とでもみんなで食べるという機会に興味を持っている人は多いということがうかがえる。

では、「食べる」というテーマでどのような活動が行われているか、財政破綻した北海道夕張市の診療所で所長を務め、現在は南日本ヘルスリサーチラボで働く医師・森田洋之さんのレポートから、「みんなで食べる」を通じて、ある女性の食欲を取り戻した取り組みを見ていこう。


「生きていてもいいことはない、早くお迎えが来て欲しい…」

八二歳のNさん（女性）は訪問診療でご自宅に伺うたびにそう言って顔を曇らせた。がんで胃を切除して以来、食が進まず気力も失い、体力も低下してしまっていたのだ。若いころは保険の外交員としてトップセールスを記録したこともあるおしゃべりで快活な女性だったそうだ。しかし、かつての社交性も今は面影もない。その状況の中、いま彼女は「生きていてもいいことはない…」と言うのだ。

こんな時に我々医療従事者は一体何が出来るのだろうか？　「社会的処方」のことを思う時、私はいつもこのNさんのことを思い出し、その言葉の意味を反芻する。そもそも高齢者医療の現場では、こうした発言を聞くことは珍しくない。私自身、外来や施設や訪問診療で、何度

「早く逝きたい」という発言を聞いたかわからない。

「そんなこと言わないで、元気を出しましょう」

かつての私、「社会的処方」という言葉を知る前の私は、そんな口先だけの発言でその場をごまかしていた。

「老化という現象は現在の先進医学をもってしても抗えない。だからそれは仕方のないこと。医師として出来ることはしているのだから、あとは自分の仕事ではない」

頭の中でそう呟きながら、ありきたりの言葉でその場を切り上げてしまうのが私の診療の常だった。今思えば、止められない老化現象を前にして立ちすくむ高齢患者に対して真摯な対応とは決して言えなかっただろう。

そんな私を変えたのは、夕張市の高齢者だった。八〇代で認知症があるのに自宅で独居、ご近所さんと一緒に毎日の雪かきに忙しいお婆ちゃん。九〇代で足腰が弱く外出もままならないのに「オレはどこにも行かない、最期まで地域のみんなと暮らすんだ」と豪語するお爺ちゃん。一〇〇歳を超え重度の認知症があるにもかかわらず、地域住民に見守られながら笑顔でアパートに独居していたお婆ちゃん。彼らはみな、財政破綻で病院がなくなってしまった夕張という中山間の地域社会の中で、高齢かつ病気や障害がありながらも「生き生きと生活」していた。

しかし夕張から都市部に帰って診療に従事していると、そこでの高齢者は圧倒的に活き活きとしていなかった。身体機能も認知機能も夕張の高齢者より遥かに良好な高齢者も軒並み元気を失ってしまっていたのである。病院も施設もあって生活や介護について心配はない、という「安心・安全」の状況にもかかわらず…。

私はこの状況の差に愕然とした。医療も介護も潤沢に整っている都市部の高齢者にもまして、それらが不足しがちな夕張の高齢者の方がなぜ活き活きしていて心身ともに健康なのか…？　これは一体どういうことなのだろうか？

その謎を解くために、私は全国各地の医療を見て回るようになった。そうした目で離島や僻地に行ってみると、そこには「医療」や「介護」がないにも関わらず、元気で健康そうな高齢者がたくさんいた。聞けば、そういう方々はみな地域社会の中で、人間関係の中で、「社会的に「生き生きと生活」している方々ばかりであった。離島や僻地では「昔ながらの土地勘と人間関係の中で生きていけるのでかなり重度になるまで認知症が顕在化しない、もしくは地域の中で問題視されない」という奇妙な状況も幾度となく目撃した。

果たしてなぜこのような「医療・介護の充実と健康な生活の逆相関」というパラドックスが生じるのか…悩みに悩んだ結果、私は医師法とＷＨＯの宣言の中にその答えの一つを見出したような気がした。医師法第一条には「医師は（中略）国民の健康な生活を確保するものとする」と書いてあった。またＷＨＯによれば、その健康とは「肉体的、精神的、霊的及び社会的な動的状態であり、単に疾病又は病弱の存在しないことではない」とあった。つまり、肉体・精神と同時に「社会的」な状態も同じく大事なものであるということであろう。そしてその「健康」な生活を確保することが我々医師の仕事である、そう医師法には書いてあったのである。だからこそ英国に「社会性を回復する」ことを目的とした「社会的処方」ができたのだろう。

先日も外来に、「独居で他者との関わりがなく脱水症状で発見された九〇代のおじいちゃん」が急患として運ばれてきた。我々医師は、その病態を治療し改善させることは出来る。しかし、「脱水症状」は治せても、その「脱水」の原因と想定される「おじいちゃんの孤立」を治すことについては、多くの医師が得意ではない。なぜなら、医学の教科書には「孤立の治療法」について何の記載もなく、大学の医学部でも学会でも教えてくれないのだから。

こうやって考えると、もしかしたら、増加する高齢救急患者の問題も、いわゆる救急車のたらい回し問題も、世界一多い日本の病床の問題も、増え続ける医療費の問題も、その最上流には「地域の人間関係の希薄化・孤立化」があるのかも…とも思えてくる。離島や僻地の高齢者の元気さを思い出しても、数々の研究結果を俯瞰してみても、その「日本の医療・介護の諸問題の最上流には『地域の人間関係の希薄化・孤立化』がある」という私の思いは確信に変わっていった。それなのに私たちは上流で発生し続けている事象に関心も持たずに、下流に流れてくる多くの患者だけを見ていていいのだろうか…？　世界には社会的処方という制度をもつ国

医師や看護師とともに食卓を囲む（森田洋之さんご提供）

まであるのに、自分たちはそこに何もアプローチせずにただ単にその下流で「病気」だけを診ていていいのだろうか…。そうした思いを強く抱くようになって、自分の診療スタイルは大きく変わっていった。止められない老化現象を前にして立ちすくむ高齢患者に対して私は、「社会性の回復」という手段を模索するようになっていった。

冒頭の「生きていてもいいことはない…。早くお迎えが来て欲しい…。」と言っていたNさん。かつての私なら適当な言葉でごまかして診療を終えていただろう。しかし今の私は彼女に「親しい友達はいる？」と聞くことが出来る。「最近誰かとした楽しい会話ってなに？」と聞くことが出来る。「食事は一人で摂ることが多いんじゃない？」と聞くことが出来る。そして「食事中の会話」が乏しいと判断したなら、いま私は彼女の自宅での訪問診療のあとに昼食をともにすることまで出来るのである。

医師である私や看護師たちと食卓を囲んでいると、彼女はいつになく饒舌になり昔の仕事のことなどを話し、自然と食事の量も増える。もちろん表情も明るく、「早くお迎えが来てほしい…」などの発言はでてこない。かってはこうして保険のお客さんたちと多くのことを語り合い、笑い合っていたのだろうな、と我々医療従事者も思いを馳せることが出来るのである。

たしかにこの取り組みは、言ってみれば「家の中で一緒に食事をした」だけなので、「社会的処方」の意義である「社会性を回復する」という段階にはまだまだ程遠い。取るに足らないほんの小さな試みである。しかし、医師としての自分の中での第一歩としては価値のある試みだと思う。少なくとも、「社会性」など何も考慮せずにただ病気だけを診ていたかつての自分と比較したら、少しは成長できたのではないかと今は思える。

いま、「孤立」や「社会的な問題」が日本の医療・介護の諸問題の最上流にあることが漸く明らかになりつつある。そしていま私たち日本の医療従事者は社会的処方という新たなツールを発見し、そのスタートラインに立つことが出来るようになったばかりだ。この産まれたばかりの社会的処方というツールを我々は日本においてどうやって育てていくのか。そもそも社会的な問題が上流にある、という共通認識から育てていくのか。我々医療従事者はこうした課題に、これまで以上に配慮することが求められるであろう。社会の上流で生み出される「社会的孤立」に目を向けず、ただ「病気の治療」という下流での処理に追われているばかりでは、医師法第一条にかかれている「国民の健康な生活」は確保できないのだから。そう考えると、社会的処方こそが、これからの日本の社会保障全体を左右する鍵、いや、日本の国家財政さらには日本国民全員の幸福を左右する鍵となるのかもしれない。

医療者が直接、患者さんの自宅で昼ご飯を食べる、ということは森田さんが書かれているように確かに「小さなこと」かもしれない。しかし、そのことで患者さんがいつもよりも食べるようになり、その結果として筋力の低下が抑えられ、そして入院することを予防できたとしたら。それは結果的にかなり大きな意味をもつ「一食」となるのではないだろうか。

「食事をとる」というのは単においしいご飯で栄養を取りましょうということだけを意味しない。同じ食卓を囲みながら、もしくはお店で食べるにしても、そこに「対話」や「つながり」をどうデザインしていくか。「あの場所に行けば、いつもあの人がいて、(一緒に)ご飯が食べられる」という価値を売りにして、ビジネスを展開していく飲食店も見られるようになってきた。いま、食を囲む文化は、社会的処方としてだけではなく、マーケティングの意味でも求められている。

冒頭に紹介した「昼ご飯を抜いている子どもたち」の地域のお母さんも、「今日はカレー」「明日はたこ焼きパーティー」と、自宅を開放して子どもたちと一緒にご飯を食べることにしたという。あなたにもできることがあるのではないだろうか？

＼リンクワーカーの目／

活動名

医療者と囲む昼食

適応世代

高齢者

性質

Linkage：在宅医療を受けている方が主な対象

こういう人がつながれる

最近食欲がない、一人暮らしで食が乱れている、孤食の状態で寂しい、という方へ。

タバコはやめられるか？　愛煙家座談会と愛煙家登山

タバコはもちろん、健康に良いものではない。政府や自治体も、禁煙に関する施策を様々に行い、喫煙エリアの制限や販売店の制限をかけていく一方で、飲食店側も全面禁煙に移行していくところが増えてきている。そういった世間の風潮に後押しされて、成人男性において一九六〇年代の八〇％から比べると喫煙率が徐々に下がってきていることは事実だ[3]。しかしそれでもまだ、成人男性の四分の一は喫煙者であることも事実である（一方で、女性は一〇％弱からあまり変化していない）。

医療者にかかれば、まず間違いなく「禁煙しなさい！」と言われるが、それだけでは禁煙できない方も多い。しかし一方で「あえて禁煙を指導せずに、人とのつながりを処方することで禁煙できるようになった」という事例があるという。福井大学医学部地域プライマリケア講座、井階友貴さんにレポートしていただこう。


喫煙は健康を害する。

喫煙は動脈硬化を引き起こし、癌の危険を高める。

そんなことはもう、世の中の喫煙者のほとんどが知っていることであろう。近年では、受動喫煙の話題も尽きない。受動喫煙が単なる迷惑行為だった時代もあったが、将来的には傷害罪へと変化する可能性すらある。それでも、タバコを吸う人々。

もしもあなたの家族が喫煙者で、禁煙させたいと思う場合、あなたはどうするだろうか？　周囲への悪影響を主張する？　本人への健康危害を訴える？

実は世の中は長年この手のアプローチを深めてきた。その結果、隠れて吸う人が増え、電子タバコなるものが売れた。「喫煙者を窮地に追いやる方法」のすべてを否定するつもりはないが、正面突破とはまた違った切り口のアプローチが、今後の禁煙政策には必要であろう。

タバコに関する社会的処方は、何も「禁煙を支援・促進する専門職・団体・関係者への紹介」だけを意味するものではないと考える。ここでは、私の勤務する福井県高浜町でのとある社会的処方の実例から、社会的処方のチカラを読み解いていきたい。

禁煙するつもりなし！

高血圧で通院中のAさん（六五歳男性）は、一日二〇本×四五年間の喫煙歴がある。胸部レントゲン写真で、喫煙による肺の変化である肺気腫《はいきしゅ》も確認。主治医として、「喫煙」という行動を変えていただくため、禁煙に関心のないAさんに関心を持ってもらえるよう、さまざまな情報提供を行った。しかし、お伝えするほどに意固地になり、耳を傾けてくれなくなってきていた。禁煙外来につなげたいと思うも、本人にその気がない場合は医療保険を使った禁煙治療に持ち込むことができない。主治医だけで禁煙の重要性をお伝えすることへの限界と、その伝える手段・内容のバリエーションの限界を感じ、禁煙の指導ができる保健師・薬剤師を紹介するも、やはり本人のリアクションは同じようなことであった。喫煙期間が徐々に延びていくもどかしさを感じる日々を過ごしていた。

愛煙家で集まろう

そんな折、保健福祉課で企画されている「愛煙家座談会」の取り組みを耳に挟む。これは、愛煙家の方だけで集まり、お茶とタバコを楽しみながら、タバコや健康についてなど、自由に語り合う、ただそれだけの会合であった。

禁煙に無関心である人に禁煙を押しつけても、よい効果は得られない。喫煙が叱責されない現場だからこそ、無関心でも参加できる。禁煙を目的とするわけではなく気軽に参加して、結果的に健康やタバコへの関心を高めることとなるこの企画。禁煙に無関心であるAさんにはうってつけの企画であると感じ、勧めてみたところ、参加して下さった。

私は直にその会合には参加できなかったが、参加した関係者によると、現場は視界が遮られるほどの副流煙で充満した密室で、とても健康によい環境ではなかったと

愛煙家座談会の様子（井階友貴さんご提供）

愛煙家登山の様子（井階友貴さんご提供）

いう（笑）。それぞれ、なぜタバコをはじめたのか、タバコの素晴らしいところ、タバコと歩んだ半生など、タバコへの熱い思いを、自由に語っていらっしゃったようである。Aさんに後ほど感想をお聞きしたところ、人それぞれにタバコへの思い入れがあることに気づいた、それに、みんななんやかんや言って、健康のことは気にしているんだということがわかった、とおっしゃっていた。「禁煙」ではなく「喫煙」を通して、それまであまり考えていただけなかった健康を考えるきっかけになったように感じている。

愛煙家で山に登ろう

その後、愛煙家座談会のメンバーで企画さ

れたのが、「愛煙家登山」の会である。登山が趣味のメンバーが中にいらっしゃり、高浜町にある標高約七〇〇mのご当地富士・若狭富士（青葉山）に登って、山頂でこの上なくおいしい一服を吸う、という企画である。この企画も、愛煙家座談会同様、禁煙を積極的に促す内容でも、喫煙者を排除する企画でもなく、むしろ喫煙することを肯定した企画である。Aさんも参加して、愛煙家登山が行われることとなった。

みんな登山中は一服を我慢し、えっちらおっちら息を切らしながら登ること約二時間半、山頂に無事到着。若狭湾の美しい景色を堪能し、思い思いにおいしい一服を楽しんだという。誰も禁煙は勧めない。禁煙したいという意見も特に出なかったという。「楽しかったし（タバコが）おいしかった」「体力の衰えを感じた」「またこの景色が見られるかなあと思った」というのが、Aさんの感想だった。このときにも、タバコをやめるやめないではなく、Aさんが今後どう生きていくのか、人生そのものに意識が巡ったのではないかと感じた。

愛煙家で主張しよう

また、私がコーディネータを務める月一回のまちなか市井会議「けっこう健康！高浜☆わいわいカフェ」（通称「健高カフェ」）において、「タバコ」がテーマの回があったため、Aさん含め数

けっこう健康！高浜☆わいわいカフェの様子（井階友貴さんご提供）

人をお誘いした。この回では、喫煙を悪とせずに、それぞれの立場を知ることを目的に自由なおしゃべりを行った。喫煙者の皆さんには、自分がなぜタバコを吸うのか、どんな思いで吸っているのか、どのように気を遣っているのか、どのように迫害されているかなど、思いの丈を吐き出していただいた。

喫煙者も非喫煙者も、お互いの知り得なかった隠れた思いに触れ、感じるところがあったようであるが、Ａさんはこの会合の後の外来で、「こんな自分のことも心配してくれる人がいるんだと思った」とだけおっしゃっていたのが印象的だった。

その数ヶ月後のとある外来受診日、こちらから勧めたでもなく、Ａさんは自ら「禁煙してみようかな」と言い出した。そして当院禁煙外来を受診され、見事禁煙に成功された。現在も禁煙を継続され、高血圧の外来に通院されている。驚いたことに、愛煙家の会合に参加したメンバーのうち、他にも数名が禁煙するようになったとのことであった。

何が人を動かすのか

Ａさんは、禁煙には無関心であった。しかし、禁煙には無関心でも喫煙・タバコには関心があったため、喫煙を肯定する会合には参加できた。その参加・交流・気づきから、健康と喫煙についての関心が高まり、健康について自省するようになったのではないだろうか。その結果、禁煙の関心を上げたように感じている。

Ａさんが禁煙に成功した要因として、「禁煙を促す」というスタンスではなく、「禁煙を否定せず、喫煙を通じて健康を考え直すきっかけを提供する」というスタンスで対応したことが考えられる。また、喫煙者には「喫煙している自分」＝「ダメな人間」という考えを持っている者が多いように感じるが、その考えはしばしば禁煙できない自分への言い訳のように用いられ、禁煙を遠ざけているようにも感じることがある。そんな喫煙者が、「ダメな自分のことを心配してくれている人がいる」と気づくことで、禁煙への距離が縮まることがあるのではないだろうか。「心配している気持ち」「大事にしたい気持ち」に気づいてもらうこと――誰のために吸い、誰のためにやめるのか、うまく意識してもらえるかどうかが重要である。

「タバコは本人の意思で吸うか吸わないか決められる」、確かにその通りである。しかし、だから「喫煙」＝本人のせい、では、本人も地域も、何も変わらない。人はなぜタバコを吸うのか、吸い始めるのか。祖父も父も吸っていたので当たり前のように感じて？ ドラマや映画でかっこよくタバコを吸う俳優に憧れて？ 親や学校の重圧に反発するために？ いずれも、家族、家庭、地域、すなわち社会が違っていたら、結果も違っていたかもしれない。「喫煙」という行動が社会から影響を受けるなら、なおさらのこと社会を「処方」して立ち向かいたい。社会的処方に精通すれば、目の前の患者も、地域全体も、救われるのだから。

リンクワーカーの目

活動名

愛煙家座談会

適応世代

成人

性質

Linkage：喫煙・禁煙について考える対話のコミュニティ

こういう人がつながれる

禁煙したいが中々できない、まだ禁煙に興味がわかない、という方に。

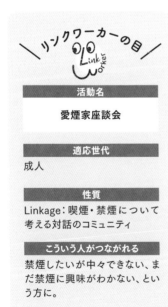

参考文献

1　農林水産省『食育に関する意識調査報告書』二〇一七
2　内閣府『食育に関する意識調査』二〇一四
3　日本専売公社、日本たばこ産業株式会社『二〇一八年全国たばこ喫煙者率調査』

5章

暮らしを彩る年の差フレンズ

日本で広がる社会的処方②

イギリスには社会的処方を請け負う民間団体が多数ある。「Age UK」もその一つだ。年間に七〇〇億円をこえる収入をもつ、高齢者支援を行うイギリス最大の慈善団体で、二〇〇九年に設立されて以来全国に支部を広げてきた。Age UKは各支部の中で様々なプログラムを高齢者向けに提供しているが、その中の一つに「befriending service」がある。孤立を解消するためのプログラムの一つで、登録されたボランティアが、プログラム利用を希望された方へ定期的に電話、または自宅へ訪問して会話やお茶を楽しむという内容だ。また、訪問型の場合には自宅だけではなく、病院へ付き添ったり、一緒に映画やカフェに行ったりということもする。

ある八〇代の男性は妻を亡くして孤独に打ちひしがれていたが、このプログラムを利用するようになって三〇代のボランティアと毎週電話でおしゃべりをするようになった。しばらく誰とも話さなかった日々から、話し相手がいるという日々に。彼は「毎週の電話を楽しみにしているんだ。まるで娘ができたみたいだよ。自分が自分らしくいられるのは彼女のおかげだ」と語っている。

年が離れた友人がいることは健康にとって重要だという指摘がある。秋田市で、元気に楽しく暮らす高齢者の生活スタイルを調査していく中で見えてきた一二のヒント(次表)。その一つが「年の差のある友達をもつ」である。studio-Lが中心となったこの取り組みで目標としたのは、秋田で長く楽しく暮らす人を一人でも多く増やすために、地域に多彩な友人をつくること

①毎日(飽きずに)することをもつ	小さなことでも何でも
②一日一回は出かける	外に出て人に見られ、人を見る
③食べることに興味を持つ	食べたい気持ちがあれば元気
④お礼を言う、お礼をする	和やかに人とつながれる
⑤身近な楽しみをもつ	あまり準備やお金がかからない「ちょっとした楽しみ」
⑥自分から声をかける	「こんにちは！」と自分から挨拶
⑦ご近所づきあいを大切にする	遠くの親族より近くの知り合い
⑧たまり場や行きつけをもつ	行きつけは一種の精神安定剤
⑨来るものを拒まない	声がかかる間が花
⑩信頼できる友達をもつ	古くからの付き合いを大切に
⑪年の差のある友達をもつ	行動や価値観の幅が広がる
⑫「楽しみ」をもつ準備を始める	50歳代がチャンス！ 何かを始めてみよう。

先輩スタイルから見えた！ 元気のヒント12[1]

を促進すること。その結果、孤立し孤独に悩まされる人が減れば、住み慣れたまちで慣れ親しんだ暮らしを高齢になっても送り続けられる可能性が高くなると考えたのだ。

その「多彩な友人」の特徴として「年齢差のある友人」をつくることに着目。秋田市民の協力を得て「年齢差がある友人を作る方法」をデザインし、活動を実施する部活動に見立て、「あきた年の差フレンズ部」を立ち上げたのだった。ここでは、「高齢者」とか「お年寄り」という言葉を使うのではなく、若い世代が知らないことをたくさん知っている「(人生の)先輩」と呼ぶことにし、部活動の内容も「梅シロップを作ってみよう」「星空観賞会をしてみよう」と、若い世代が経験なく教えられないことを、先輩たちが子どもたちも交えて教えながら楽しむ、というスタイルで実践している。

「多世代交流」という言葉は最近の流行りであるが、「交流すること」が目的になってしまうのでは、「カッコいい！」「楽しそう！」からは程遠い企画になりがちだし、「高齢者を労り、おもてなしする」という感じのイベントばかりになってしまうこともある。よく高齢者施設に幼稚園児などが慰問に訪れて歌を歌ったり、学生が料理をふるまったりという催しがあるが、「歌なら私たちが歌いたいわ」「私たちの料理をむしろ学生さんたちに食べてもらいたいね」という声もあるのだ。先輩たちはもてなされることに飽き飽きしていて、自分たちも後輩たちにふるまいたいと考えている。そもそも、先輩・後輩の関係性ってそういうイメージでしょ？

各世代の住民たちが意見を出し合い、「自分たちが欲しいと思う場に、みんなが来てくれる」というスタイル、多世代交流はその結果でしかないという形がよいのだと思う。地域ではみんなが主役なのだから。

リンクワーカーの目

活動名

あきた年の差フレンズ部

適応世代

全世代

性質

Linkage：各世代で自分の得意分野を持ち寄っての「部活動」

こういう人がつながれる

地域に友人がいない、年の差がある友人がほしい、先輩たちから知恵を借りたい（料理・子育て・昔の道具・地域史など）という方に。

高齢者と学生が一つ屋根の下で暮らす次世代下宿「京都ソリデール」

暮らしの中で多世代が自然に交流し「年の差フレンズ」ができるなら、「一つ屋根の下で暮らす」というスタイルも可能なのではないか？　この「異世代ホームシェア」の取り組みが行われているという情報を得た我々は、取材のために京都へ向かった。

今回お話を伺った「京都高齢者生活協同組合くらしコープ」は、二〇〇二年に任意団体として活動を開始したのち、二〇一四年に生活協同組合（生協）法人として認可を受けた団体だ。「働けるうちは働きたい」「支えられてばかりではなく、暮らしを支え合いたい」という地域の高齢者の声に応え、自分たちで仕事おこしをしたり、自費介護事業や生活相談事業などを行ってきた。

そういった中、ある一人住まいの高齢者から、

「部屋が余っているんやけど、誰か一緒に住んでくれる人はいないかな」

という声を受けて、その希望をかなえられるかどうか、支援を開始したのだという。当初は、高齢者同士の共住も模索していたが、「高齢者同士だと、もう既にお互いの生活習慣の違いもあり、なかなかマッチングが進まなかった」と、くらしコープスタッフの石澤さんが教えてくれた。そのような折に、二〇一六年から開始されたのが京都府建設交通部住宅課が取り組む「京

高齢者と学生が一つ屋根の下で暮らす（京都府住宅課からご提供）

都ソリデール事業」だった。

ソリデールとはフランス語で「連帯の」という意味。京都府内の空き室を持っている高齢者と、そこを借りたい学生をマッチングさせる仕組み。くらしコープでは、マッチングするまでに、学生と高齢者の交流会や「お試し同居」などを経て、お互いが納得するまで時間をかける。同居のルールも最低限。「政治・宗教の話はしない」とか「スケジュールはメモで共有しよう」など、マッチングの際にお互いで話し合って決める。下宿と違い、食事を提供する義務も、食べるために帰ってこなければならない義務もない。

京都府の狙いは、「京都のよさを学生に知ってもらって、卒業後も京都に住んでほしい」という定住化政策の一環だ。京都府が業務を委託して、現場でのヒアリングやマッチング、その後のアフターフォローなどを民間事業者が行っている。くらしコープもその事業者の一つだ。

「せっかく京都の大学に通っても、大学と住まいとバイト先だけでは、京都の良さに触れることは少ない。その点、この仕組みを使って京都市内に住んでもらったら、高齢者の皆さんが元々もっている地域のつながりからまち活動に参加したりもして、『住まいとしての京都』を体験してもらうことができますからね。それで京都を好きになってくれて、長く住んでもらえれば」

と、京都府住宅課の椋平さんが語る。実際、

「その土地の人と暮らしてみることができる貴重な機会です」

と語った学生もいたという。京都の歴史や暮らしに憧れて京都の大学を選んだのに、京都らしい暮らし方や文化に触れることなく、卒業後に京都を去る若者は多いが、この仕組みでは人を通じて地域の文化に関わることができる。京都府の狙いはある程度成功しているようだ。

他にも、学生側にとってメリットは大きい。京都市内の大学へ、市外にある実家から通学している学生の場合、ソリデールを利用することで通学にかかる時間が大幅に削減でき、勉強や自主活動・アルバイトのための時間が作れるようになった。また、市内で賃貸物件を探すよりも家賃が安く設定されていることもあり、生活に余裕と充実感が生まれている。

学生にとって、一緒に住む人生の先輩たちのスキルが自分の成長につながるパターンもある。例えば、あるデザイナー志望の学生の場合は、大家側も元デザイナーで、家に帰ってからも実践的なノウハウを学んだり、悩みを相談できたり、といった良い面があったという。公共政策を学ぶ学生は、国際交流NGOの経験を持つ大家さんのもとで、お互いに国際情勢などについて意見交換ができた。他にも、往復四〜五時間かけて通学していた高齢者福祉を学んでいる学生が、同居中の高齢者と日常的にコミュニケーションを行い、土日のゼミ活動で高齢者支援活動を行う、近くの特別養護老人ホームでアルバイト（自身の介護福祉士資格取得の際の実務経験カウントにもなるだけでなく介護福祉人材不足にも貢献）を行っている事例もあるという。

「学生は成長していく。それを見るのが楽しみ」

と語るのは、実際に学生を受け入れた方の一人だ。仕事や生きがいを失って、気分が落ち込んでいたところに、学生がマッチングして来てくれたことで元気になる方も少なくないという。

「一人でいるって、すごく寂しいことだけど『おかえり、ただいま』、って言い合えるだけでもいい。自分が知っていることを教えてあげられることで『役に立っている』という感覚があるのもいいね」

「これまではパジャマで一日中、みたいな生活をしてたけど、若い人がいるとそういうわけにはいかない。背筋が伸びた生活になるよ」

一緒に食卓を囲み、お茶を飲む（京都府住宅課からご提供）

「若い人の話は楽しい。話し相手がいるとか、話さなくても『誰かが家にいる』という安心感はあります」

実際、高齢者側も何かあった時に学生が助けてくれる、といった事例もあったのでは？　と思い尋ねてみたが、石澤さんは笑いながら、

「いや、これまではそういうのは無くて。逆に学生がぎっくり腰になって動けなくなった時に、高齢者側が助けてあげたということはありましたよ」

と答えられた。ただ、日常的に助けられている部分はやはりあるようで重たいテーブルを移動する手伝いだとか、手が届きにくい天井の掃除などの面で、学生と支え合っている。

「こういう、本当に何でもないようなちょっとしたこと。それを『ちょっと手伝ってー』『はいはい』って言い合える人がいるといないとでは大違いなんですよ」

まちに帰属する「書生生活」

京都ソリデール事業のような「異世代ホームシェア」は、海外ではフランスやドイツなどを中心に広がりを見せているが、日本ではまだまだなじみが薄い。京都ソリデールでは、京都府が行っている事業という安心感があるから、事業をうまく展開できているが、東京で同様の事業を手掛けたNPO法人街ing本郷では「高齢者側の子どもや、学生の親が反対するなどあって、なかなか難しい」と語っていた。京都ソリデールでは、大家として自宅を貸してくれる方へ、同居に要する住宅改修や修繕に対し京都府から補助金が出たりもしたが（平成三〇年度まで）、民間ではその資金がないため住宅改修ができずに同居を断念したり、「自宅に他人がいること」に逆に不安を感じて同居を解消した例などもあったという。

「生活が合わない、という高齢者が多い。シェアハウスに慣れた、今の若い世代が年を取った時には、できるようになっていくのではないか」

「もし何かあった時に責任が取れるかどうか。どう安全を担保するか、という面がいちNPOでは難しい部分もあります」

と語る街ing本郷では、いまは「必ずしも同居ありきではない」異世代交流の仕組みを実践している。「書生生活」と名付けられたそのプロジェクトでは、空き家となっていた物件を借り上げ、そこに学生たちに安く住んでもらいながら地域に関わってもらうという仕組みを提案している。学生たちは、町内会の活動やお祭りなどイベントへの参加が求められ、または自分たちでやってみたいことを企画して地域に入っていくということもできる。その過程で、まちの中の様々な住民と学生たちとの交流が生まれていくという仕組みだ。地域活動や異世代交流にそんなに興味がある学生がいるのか、という質問へは、

「学生も、まちに関わりながら暮らすというこのスタイルに喜んで入ってきてくれるよ。田舎から東京に出てきて、確かに二年間くらいはスタイリッシュな生活に憧れるかもしれないけど、一日中誰とも話さない生活が続いてつらくなってしまったという子も多い」

と答えられた。

「地域の高齢者の自宅に同居するのは『家に帰属する』住まい方ですけど、この書生生活では『まちに帰属する』という住まい方を提案しているんです。必ずしも一つ屋根の下に住まなくても、『地域』という大きな傘の下で、シニアと大学生が共に楽しみながら、暮らしを豊かにするような特別なつながりをつくることはできると思います」

家を開放して共住するにしても、地域を開放して共住するにしても、共通しているのはそのまちの中で自然と多世代が関わり、友達になり、元気な暮らしをお互いに作っていくことの大切さだ。そしてその関わりでは「若者が高齢者を支える」というだけではなく、「高齢者もまた

若者を支えている」という関係性がつくられていく。特別な技術や知識はなくても、むしろ長年生きてきたこと、日々の暮らしの知恵そのものにもっと自信をもっていい。くらしコープのリーフレットにはこうある。

「同じ食卓を囲めば、漬物一つにウンチクがある。『共住』で見つけるのは未来のあなた。探しに来てください」

まだまだ解決していかなければならない課題は多いけど、「一つ屋根の下」だけにこだわらない地域での様々な住まい方と、多世代の交流という組み合わせは、今後の日本において広まっていってほしい仕組みの一つだ。

リンクワーカーの目

活動名

京都ソリデール事業／書生生活

適応世代

大学生＋高齢者

性質

Linkage：お互いのニーズがマッチした場合は有効

こういう人がつながれる

自宅の部屋が余っている、空き家を所有している、一人暮らしでは寂しい、という方に。

高齢者住宅のあらたな取り組み「仕事付き高齢者住宅」とは

皆さんは「高齢者施設」と聞いてどんなイメージをもっているだろうか？　認知症の高齢者がぼーっと日向ぼっこをしているイメージ？　寝たきりの方がベッドに並んでいるイメージ？　確かにそういった施設もあるかもしれない。でも最近では、そのようなイメージをくつがえす高齢者施設が、日本中に生まれている。いや、もうそこは「高齢者施設」とは言えない場所かもしれない。

例えば「仕事付き高齢者住宅」、と聞いたときに皆さんはピンとくるだろうか。高齢者施設に対して先ほどのようなイメージを抱いているとしたら、「仕事付き」と「高齢者住宅」という言葉を、頭の中でつなげることは難しいだろう。「認知症や寝たきりの人が仕事をしている住宅？ありえない！」と考えるのが普通だ。しかし、その「ありえない！」を実行に移そうとしている場所がある。千葉県船橋市にある「銀木犀船橋夏見」だ。

船橋駅から徒歩一五分ほどの場所にある「高齢者住宅」。その一角に、この住宅の入居者と介護士とが働けるレストラン「恋する豚研究所 LUNCH TABLE」がある。豚しゃぶなどが中心のメニューであるこのレストランは、二〇一九年五月にオープンしたばかりにもかかわらず、昼頃になると多くのお客さんで賑わっている。そして、このフロアに、認知症や身体障害をもつ

週末の恋する豚研究所LUNCH TABLE。家族連れ、ご夫婦、若いカップルまで、多種多様な地域住民が訪れてくる(下河原忠道さんご提供)

高齢の入居者が「店員」として立っている。そもそも、どうしてこのような「仕事付き高齢者住宅」を建てようとしたのだろうか。

「入居者の方々がね、『ヒマだー、ヒマだー』って言っていたのよ。だから仕事を作ってみたの」

と話すのは、この船橋夏見以外にも関東にいくつもの高齢者住宅「銀木犀」を経営する、株式会社シルバーウッド社長の下河原忠道さんだ。

「デイサービス、っていうのが苦手なの。デイサービスって、本当はレスパイト・社会参加・リハビリ、っていう大きな目的を持った取り組みだったはずなんだけど、日本ではいつのまにか『幼稚園のお遊戯』みたいになってしまった。それにそこは『高齢者しか集まっていない場所』でしょ。だったら、介護のホスピタリティをもったレストランをつくって、そこで働いてもらったほうが、『役割』をもって社会に参加できると思ったの」

実際、高齢者白書（平成二九年版）のデータでも、「働けるうちはいつまでも働きたい」という高齢者が全体の四割、「七〇歳くらいまでまたはそれ以上」、という方を含めれば八〇%近い方が働く意欲をもっている。下河原さんはこれまでの銀木犀でも、高齢者住宅に「駄菓子屋」を作り、店番を入居者がするという取り組みをしていた。元々、銭湯の番台で仕事をしていた方は、認知症はあっても店番は体が覚えている。子どもたちから「店長」と呼ばれている足の悪い高齢者は、普段は歩行器につかまりながら静かに歩いているのだが、駄菓子屋から「店長、早く商品売って！」という声が聞こえてくると、自分の部屋から歩行器を「かついで」駆け出したりする場面もあったという。そうやって地域の子どもたちが毎日のように来て、五〇万円を売り上げた月もあった。

それであれば、船橋夏見でも駄菓子屋で良かったのでは？ という質問に、下河原さんは、

「駄菓子屋はあくまでも駄菓子屋。ちょっとした仕事にはなるけど、それで『お金を稼いでいる』という感じじゃない。ここでは『ちゃんとした仕事』を作りたかった。バイト代もきちんと払うから、それに応じた仕事をしてもらわないとならない。そこで『合理的配慮』がどれだけできるか、ということ」

と答えた。「合理的配慮」とは、障害のある人が障害のない人と平等に人権を享受し行使できるよう、一人一

駄菓子屋には子どもたちがひっきりなし。銀木犀は子どもたちのたまり場になった（下河原忠道さんご提供）

人の特徴や場面に応じて発生する障害・困難さを取り除くための、個別の調整や変更のこと。日本では、障害者差別解消法や改正障害者雇用促進法において、事業者に対して合理的配慮の提供義務が課されている。しかし実際の社会においてはまだまだその「合理的配慮」が不十分である。例えば、認知症や障害がある人には仕事をさせるべきではない、と考えるならそれは合理的配慮を最初から拒否していることになるが、そう考える人はまだまだ多いのではないだろうか。ちなみに、銀木犀船橋夏見のレストラン「恋する豚研究所LUNCH TABLE」で扱う豚肉は、千葉の在田農場で大切に育てられた豚で、関連施設でハムやソーセージなどにも加工されているが、これらを経営する母体は「福祉楽団」という社会福祉法人で、働いている人の半分は障害や生きづらさを抱えた人たちだ。いわゆる「福祉作業所」での仕事で月給一万円、では自立できない。せめて一〇万円の給与を払える仕事をつくりたい、というのが「恋する豚研究所」の飯田大輔代表の思いだったという。

「世界一おいしい豚ですよ」

と下河原さんは話す。下河原さんが「恋する豚研究所」とタッグを組んだのは、飯田さんと思いが一緒であったということももちろんあるだろうが、この豚肉の品質が本当に高いからだ。

「認知症とか障害があるとかいうのは見世物ではない。それを前面に出して『お願いだから買ってください』というのは違いますよね」

飯田さんも「障害がある方が作っています」なんてことは前面に出していない。障害や認知症があろうがなかろうが関係なく、質の高い商品やサービスは作ることができる。

「認知症がある人に仕事をさせようとして、『間違って当然だから間違っても許しあおう』とか『間違わないように健常者が付き添ってあげよう』というのは合理的配慮なのか。認知症がある人が聞いたら怒るわけですよ。『なめるなよ』『間違わねーよ』って。失敗させないような工夫をすればいいことなんです」

銀木犀船橋夏見では、入居者にフロアに立ってもらうために「作業分解」を念入りに行っている。「作業分解」とは、レストランの一連の業務を細かく分解して、それをカードに分けて番号を振っていくこと。例えば「①客を空いている席にお通しする」「②水を持っていく」「③注文を取りに行く」…「⑧テーブルを片付ける」「⑨割りばしや調味料を補充する」など。そのように作業分解したのち、介護士がそれぞれに入居者の特性に合わせて「ではAさんは③④⑤の作業を今日はお願いします。Bさんは⑥と⑦、Cさんは⑨と⑩をお願いできますか?」と振り分けていく。少し聞くと、作業分解とそのカードの配分を一手に引き受ける介護士の負担がとても大きいように思える。入居者一人一人のことを本当に知り、仕事のマッチングをしないと「任せる」ことはできないからだ。しかし下河原さんは、

「介護職なら普段からやっていること。当たり前にできることだよ。僕は介護職のもつそう

銀木犀船橋夏見でスタッフとして働く入居者（下河原忠道さんご提供）

いった力を信じているんだ」

と笑顔で語った。

「認知症は治療よりも、社会・心理環境を整えることが大事。治すものではなく共存していくもの。その生活を『面』で支えてくれる介護職が今はいる。でも、一〇年後には銀木犀にも高齢者だけではなく、大学生や若い夫婦なんかも入居して、介護士を介さずにお互いを支え合うようにできないかと考えている。これが理想の姿だと思う」

そしてさらに、こういった事業を社会保障費を使わずに「ビジネスとして成立するように」行うことが大切だという。社会保障費を使って見守り要員を常時監視につけ、「認知症や障害がある方が頑張って働いているお店」のようなスタイルではなく。

「社会保障前提の福祉事業ではなく、継続性が担保されたビジネスモデルに福祉的要素をのせていくこと。様々な社会問題を限られた業界だけで解決しようとするのではなく日本中のビジネスセクターが福祉的要素を少しでも取り入れてくれるだけで、社会の景色が変わる」

全国に広がる「ごちゃまぜ」の社会

銀木犀のような取り組みは全国にも広がっている。例えば宮城県にある「萩の風」は、特別養護老人ホームを地域に開く取り組みを始めている。まずは地域との垣根を取り払うべく、文字通り「垣根」になっていた施設の境界にあった植え込みをなくし、庭全体を地域に開いていく「庭プロジェクト」を立ち上げた。また、銀木犀と同様に「駄菓子屋」もつくり、地域の子どもたちへ施設を開いた。銀木犀と違うところは、地域の「おやじ会」がこの駄菓子屋を作ることを立案し、土日にボランティアで仕入れを担当してくれたりするところだ。他にも、地域の農家から食材を仕入れ「こども食堂」も開催している。今後、レストランやカフェもやりたいと考えているという。

ここで働いている職員には看護師や介護士の他に、メンタル面で不安定な方や障害を持っている方も雇用している。これも福祉的な意味合いで雇用しているわけではなく、彼らが誰よりも丁寧に仕事ができるから、と雇用している。施設の中には、子どももいれば大人も、高齢者もいるが、パッと見る感じでは誰が施設の利用者で、誰が職員なのか区別がつかない。ここでは、入居者も看護師も介護士も子どもも、障害があってもなくても「ごちゃまぜ」だ。

このように特別養護老人ホームを地域に開いていこうと思った動機として、施設長の田中伸弥さんは、

「いろいろな地域の方の目があった方が、職員も育っていくのではないかと考えました。メンタル面や身体に障害を抱えている方は、『（接遇などの）研修に行ってみないか』と言っても中々難しい。だったら、外に研修に行かせるよりも、外から来てもらえばいいいと考えたんです」

と語る。

また、同じ宮城県の「アンダンチ」は、サービス付き高齢者向け住宅、看護小規模多機能型居宅介護・訪問看護ステーション、障害者就労継続支援Ｂ型事業所、企業主導型保育所、飲食店、暮らしの保健室がひとところに集まった多世代交流複合施設である。

「アンダンチ」という名前は、仙台の方言で「あなたの家」の意味。代表の福井大輔さんは、腎臓内科医をしていた義父からの、

「透析患者さんが自分の行く末を案じるケースが見られる。そのような患者さんが少しでも安心できる住まいを考えてやってくれないか？」

という言葉をきっかけに、それまでの仕事を退職。「株式会社　未来企画」の代表取締役に就任し、介護事業に乗り出すことになった。ビジネススクールに通って事業計画を考えていく中でアンダンチの基本構想ができあがり、小規模多機能型居宅介護事業などの経営を経て、二〇一八年にアンダンチ開設に至った。

アンダンチの敷地内は、まさに公園。住宅街の中に位置する約一〇〇〇坪の敷地には、走り回れる大きな広場だけではなく、井戸あり、ピザ窯あり、バーベキュー炉あり。そしてその敷地の中央には「ヤギのお家」も配され、子どもたちが「ヤギに食べさせる！」と庭の草を刈って届けに来るという。そして、その子どもたちに職員らがお茶を出してあげ、ひとしきりおしゃべりをすると、また敷地内にある駄菓子屋でアメを買って帰る…というのが日常風景なのだという。

「住宅街の中にあるという距離感がいいと思います。子どもたちが多い地域で、近所で暮らす方々でここを使い倒すという感じですね」

仙台市内でも、公園での遊び規制（ボール使用禁止など）が増えてきていて、子どもたちの行く場所がなくなってきているのだそう。

「子どもたちの行く場所がないから塾へ行く。公園でもできることがないから、集まってもスマホでゲームとか。そうではない、『みんなが集まれる場所』を作りたいと思ったんです」

近隣のお店の方々からも「困ってる人がいたら福井のところに相談に行ってもらえばいい」と頼られているのだそう。

「クリスマスマーケットに参加された、手作り品の物販とワークショップ出店者のママさんたちが、毎月マルシェをやりたいとのことで二〇一九年一月から始めてます。また一方で、二〇一八年一〇月末から子育てサークルに施設内の場所を貸して使ってもらってます。その子育てサークルのママさんからまごころ市というお下がり交換会をしたいとの申し出があり、せっかくの機会なので、三月のマルシェと合わせて開催することになりました。こうして地域の方同士がここでつながっていきます」

アンダンチ内では、地域通貨「ダンチ」の流通も計画している。「ダンチ」はアンダンチ内で仕事(おつとめ)をすれば誰でももらうことができ、例えば駄菓子屋の店番、子どもたちへの人生体験の語り、ヤギへのエサやり、草木の世話などなど。その人のできること、その工夫とアイディアで「仕事」は生まれていく。そしてその「ダンチ」は、レストランでの食事や駄菓子、また入居者であれば家賃の一部に充当することもできる。

「あらゆる人がお互いの『ありがとう』を交換するきっかけになることを願っています。子どもたちも、高齢者の方も、ここでの『役割』が、暮らしに大きく影響します。ただただ日々を過ごすのではなく、『また明日、ここで会いましょう!』と笑顔で言葉を交わせるような、生活

アンダンチで子どもたちに大人気のヤギたち

アンダンチで開催されたクリスマスマーケット。ここからまた新たなつながりが生まれていく（福井大輔さんご提供）

の彩りが必要です。高齢者の方々は、人生の教科書。私たち世代はしっかりと学び、日本人として培われてきたものを次の世代に伝えていきたいです」

「ごちゃまぜのコミュニティ」を、施設レベル・公園レベルではなく、一つの町にまでしてしまった例もある。それが金沢にある「シェア金沢」である。金沢駅から車で一五分ほどの場所にあるシェア金沢は、一万一〇〇〇坪の敷地の中に天然温泉あり、高齢者施設あり、障害者施設あり、マッサージ店あり、ライブスタジオあり、牧場や農園もありで、地元の多くの方が訪れる。その点ではアンダンチと似たところがある。ただ、こちらは住んでいるのが高齢者だけではない。大学生用に、アトリエのあるレジデンスが用意されており、安価に入居できるかわりにボランティアが必須という仕組みだ。障害をもつ子どもたちも生活をしているし、敷地内の売店は高齢者住宅の住民たちで運営されている。温泉の休憩室で、子どもから大人まで多くの方がくつろいだり、産地直送の野菜を買ったりしているわきで、子どもに向けたウクレレ教室が開かれていたりする。アンダンチでの多世代の交流は「公園」という印象が強いのに対し、シェア金沢は「まち」という印象が強い（もちろん、どちらが良いという話ではない）。シェア金沢は、関わる一人一人が住みながらにして、このまちを自分たちで作り上げていこうという気概を感じるのだ。

シェア金沢は佛子園という社会福祉法人によって運営されているが、石川県内を中心に他にもいくつかのコミュニティの運営に携わっている。これらのコミュニティにおける「ごちゃまぜ」について、理事長の雄谷良成さんは印象深いエピソードを講演で話されていた。[2]

「利用されている方の中で、重度心身障害の男性と認知症のおばあちゃんがいました。男性は重い障害で首も一五度くらいしか動かせない。私たちが一生懸命リハビリをしてもなかなかよくなっていきませんでした。そんなある日、おばあちゃんがその男性にゼリーを食べさせようとしたんですね。でも、手が震えて上手くできず、口には入らず落ちてしまう。最初は、職員も止めようとしたが、その様子を見守るようにしたんです。何度か挑戦を続け、一週間経つと口に入るようになり、二〜三週間経つと上手にできるようになった。彼も食べようと首を動かす努力をして、おばあちゃんも頑張ったんです。二〜三か月経つと、おばあちゃんの家族から、『深夜徘徊が減って感謝している』と感謝の言葉をもらいました。おばあちゃんは、『自分がゼリーをあげないと男性は死んでしまう』と思っていて、早起きをしてこちらに来るようになり、結果として夜早く寝るようになり、深夜徘徊がなくなったということです。男性もゼリーを食べる習慣が生まれたことで、首の可動域が広がっていきました。これは私たちにとって、驚くべき出来事でした。福祉のプロが一生懸命、首の可動域を広げようとリハビリをしたり、認知症の方の深夜徘徊を減らそうと努力をしてきましたけれども、それを飛び越えて二人が関わることで、二人とも元気になった。地域の中で自分が必要とされているという感覚や、人と何気なく話していることとかが、どれだけ人を孤立から救うか。これってすごいことだなと思ったんです。『私たちは福祉のプロ、僕らに任せてください』と自信を持っていたけど、そうではないんだな、自分たちが全て行うのではなく、人と人とが交わり、関わりを持てる場を作っていくことを考えればよいのだと思うようになりました」

銀木犀、萩の風、アンダンチ、シェア金沢の取り組みを見てきた。ここで共通するキーワードは「ごちゃまぜ」であろう。高齢者も子どもも、障害があってもなくても、施設や公園などの場を通じてコミュニティがつくられ、そこでみんなが役割をもちながらゆるく混じり合っていく。このような場所が日本に増えていくことは望ましいことだし、もっと言えばまち全体がこれらの取り組みを参考にして普通に「ごちゃまぜに支え合う」ことができるようになっていけば、私たちは「齢をとっても病気になっても安心して暮らせるまち」を手に入れることができるのではないだろうか。

活動名

銀木犀／萩の風／アンダンチ／シェア金沢

適応世代

全世代

性質

Linkage：認知症や障害があっても地域でゆるくつながれる仕組み

こういう人がつながれる

地域で役割を見つけたい、多世代でつながれる居場所がほしい、高齢・障害と付き合いながら仕事をしたい、という方に。

参考文献

1　studio-L編『三二四〇歳スタイル』秋田市、二〇一六
2　https://heisei-kaigo-leaders.com/activity/present06

6 章

リンクワーカーからみた社会的処方のタネ

この章では、リンクワーカーが参考にすべき「社会的処方のタネ」たちを紹介していきたい。

「本」を媒介にして人がつながっていく　こすぎナイトキャンパス

「最近引っ越してきたばかりで、こんな場所があるって知られて良かったです」

「いろんな読書会に参加してきましたけど、ここはまたちょっと違う感じで面白いですね」

「はい皆さん、では、今回の課題本を読んできて、目からウロコだったところや、実際に何かやってみたところがあるかどうかを話してもらいましょう。ではそちらの方から…」


川崎市武蔵小杉。あるタワーマンションのコミュニティスペースに、本を片手に一〇名ほどが集まった。ここは二〇一二年から続いている「こすぎナイトキャンパス」の会場である。「読書会」ではあるのだが、「本は読んでこなくてもいいです」という珍しい読書会だ。元々は、武蔵小杉でまちづくりに取り組む「小杉駅周辺エリアマネジメント」の交流会事業の一つとして立ち上げられた経緯があり、「本の内容を細かく読解する」ということよりも「本をネタにして、自分が話したいことを話す」「結果的に人と人とのつながりがうまれる」ということが目的となっているからだ。「Open book, Open heart」をテーマに掲げ、本と人、人と人、新しい出会いをつくっていくことを目指している。

タワーマンションの一室に集まり、本を肴に自分たちのことを話す

実際、参加している人たちの中にも、

「まだ五〇頁くらいしか読んでいないんですけど、そこまでで気になったところは…」

と話し始める方もいれば、

「いま目次を見た感じでは…」

と言って、本当に一頁も読んできていないつわものもいる。でも、それでも特に誰も何も言わないし、そういう人が他の人の感想を聞いて、

「いまの〇〇さんの話で思い出したんですけど、この前私が聞いた話で…」

と、全然関係ない話を始めることもある。でも、そのごちゃごちゃ感こそが、こすぎナイトキャンパスの魅力と言えるだろう。課題本も、小説、実用書、ビジネス書といった本だけではなく、写真集や地図帳が題材になることもある。自己紹介も、自分が話したいことだけ話せばよいし、

名刺交換のような形式ばったこともないので、長年参加していてもお互い何の仕事をしているのかよくわからない人もいるし、あだ名だけでやり取りしているので本名さえ不明、という方もたくさんいる。でもそんなことをいちいち気にする人もいない。年間約二〇〇〜四〇〇人ほどが参加するが、毎回のように来る常連さんもいれば、一見さんもいるし、何年も参加していなかったけど久しぶりにふらっと参加しました、という方もいる。そういった「参加のしやすさ」もまた、こすぎナイトキャンパスの魅力である。

こすぎナイトキャンパスはこのような読書会形式が月に一回、そしてもう一つ「はじめて触れる戯曲」という会をまた月に一回開催している。「はじめて触れる戯曲」は、例えば『ロミオとジュリエット』などを、きちんと声を出して読んでみようというワークショップで、地元劇団のアーティストも参加して演技指導もしてくれる。この「はじめて触れる戯曲」の参加者は年に一回行われるコスギフェスタという武蔵小杉のお祭りの舞台で、実際に劇団員と一緒に戯曲を演じたりもしているとのことで、本格的である。「ひょっこりひょうたん島」で有名な、川崎の人形劇団「ひとみ座」とコラボレーションして、戯曲朗読や人形操演による舞台に立ったこともあったという。

会場もタワーマンションのコミュニティスペースだけではなく、その時あつかう本などと合わせて、地元商店内スペースや、図書館などでも開催してきた。また、本の著者や編集者の方々にお越しいただく会や、お酒に関連した本のときはソムリエ経験がある方にワインを出してもらいながら、という会もあったという。ただ、それらの特別な企画も、すべて「お金を出して著名人を呼ぶ」というような形式ばったものではなく、参加者の中から「たまたま著者の知り合いがいるから、次の課題本はこの方の本にしてみない?」となったり「武蔵小杉に住んでいる○○さんがソムリエの資格もっているらしいよ」という声から企画が生まれたりという流れなのである。主催側が全てを取り仕切ってイベントを切り盛りしているというよりは、参加者自身が手を加えて、このイベントをもっと楽しいものにしていこう! という雰囲気が、こすぎナイトキャンパスにはある。

ちなみに、武蔵小杉にはこのこすぎナイトキャンパスと主催者と参加者がかぶる「こすぎの大学」というイベントもあるが、こちらも「地元住民が主催し、地元住民が講師」になって、その講師の方の得意分野をテーマにしたワークショップをするという企画だ。前回は参加者だった○○さんが、次回のこすぎの大学では「○○先生」になる。そして終了後にはまた、主催者の友達が経営する居酒屋で、先生役も生徒役も混ざり合ってみんなで飲み会。そしてその飲み会の席で、次の先生役が決まったりすることもある。また、こすぎの大学参加者同士で「大学なんだから、『部活動』しよう!」という声が上がり、「パパ部」「おしゃべり部」「健康部」などの活動も自発的に始まったという。あるメーカーのお酒ファンで集まった部活では、そのメーカーの社長を囲んでの飲み会まで発展している例も。

先ほど紹介したコスギフェスタも、来場者数一〇万人をこえる大規模なお祭りではあるが、「はじめて触れる戯曲」のように地元住民がステージに登ったり、地元の子どもたちのダンスチームの演舞が披露されたりと、主催側のお仕着せではなく、市民一人一人が参加し、盛り上げ、一緒に作り上げて楽しんでいこう！　というつくりになっている。

武蔵小杉は「タワーマンションが林立する人口密集地でインフラ整備が追い付いておらず不便」「タワーマンション住民と元々の住民との分断が起きている」といったネガティブな面が強調される傾向にあるが、実際にその中で暮らしてみると、このように市民の手によってにぎわいを作り、一人一人がこのまちで生きているということを生かし、「どうすればこのまちがもっと楽しく、このまちで暮らす人がもっと輝けるか」ということを市民みんなで考えてきたまちなのである。武蔵小杉には、こすぎナイトキャンパスのような「コミュニティに入りやすい入り口」がある。そしてその先には「一人一人がやりたい小さなこと」を気軽に言い合い、そして盛り上げ合ってくれる仲間たちがいる。「いいんじゃない！　やってみようよ」「おもしろい！　こすぎの大学で先生役してみない？」という声かけが日常にある。お互いがお互いの存在に学び合い、一人一人がまちで生きていくことで、このまちの「武蔵小杉らしさ」がつくられていくのだ。

「かってにやると、おもしろくなる」連鎖するまちの文化

大人たちが楽しみながらまちづくりに関わっているまちでは、子どもたちも声をあげやすい。

「自分たちも、まちの中で何かできないかな？　むしろ、学生だからこそできることがあるんじゃないかな」

と考えていく子どもたちが増えて、そして行動を歓迎していく文化。

そして実際に行動に移した女子高生がいた。

リンクワーカーの目

活動名

こすぎナイトキャンパス

適応世代

全世代（主に高校生以上）

性質

Linkage：地域コミュニティへの入りやすい入り口

こういう人がつながれる

地域で友達がほしい、多世代でつながれる居場所がほしい、本について話し合える仲間が欲しい、という方に。

那須野純花さん。二〇一五年当時、高校三年生だった那須野さんは、川崎市の武蔵小杉で「グリーンバード武蔵小杉チームを立ち上げます！」と立ち上がったのだ。「グリーンバード」とは、原宿表参道で始まった「きれいな街は、人の心もきれいにする」をコンセプトにしたゴミ拾いプロジェクト。活動の輪は日本国内のみならず世界に広がっており、今では一〇〇チーム近くが活動している。

「誰も来ないなら一人でもやるもんね」

と宣言し、facebook上に掲載された写真は、武蔵小杉周辺の「面白いことが大好き」な大人たちに拡散され、幅広い世代の参加者を集めていくことになる。

那須野さんは、幼少期に川崎に移り住んだものの、その後に受けたいじめを契機に「地元に対するネガティブな感情」を抱くに至った。高校も地元ではなく、東京都内を選択し進学。いつしか地元は「寝に帰るための場所」でしかなくなっていた。でもそこには、「ただ地元から逃げ出しただけなんじゃないか」という気持ちも残っていて、学校や家以外の居場所を求めていたという。そのような思いから、高校の友人と参加したゴミ拾いのボランティア活動。その活動を通じて様々な世代や境遇の方々と知り合い、コミュニケーションを取っていく中で「私は私でいいんだ」「異なるというのは一つの才能なんだ」と、違いを肯定的に受け入れられるようになった。そして徐々に地元とも向き合えるようになり、「地元でも自分の居場所をつくり

タワーマンションが立ち並ぶ武蔵小杉で「一人でもやります！」と宣言した（那須野純花さん提供）

子どもも大人もゴミを集めてまちを歩き回ることで自然な交流が生まれる（那須野純花さんご提供）

たい。もっとまちを良くしていきたい」と考え、グリーンバード武蔵小杉チームの立ち上げに至ったのだという。

グリーンバード武蔵小杉チームの活動は、毎月第三日曜の朝一〇時から始まる。武蔵小杉駅前のこすぎコアパークに集合して、約一時間、まちの中のゴミを拾いながら歩く。事前の参加予約もいらなければ、当日持参しなければならない道具もない。この気軽さが、「まちなかで何かつながりたい」という方にとって敷居が低いものになっている。

グリーンバードの活動は、ゴミ拾いではあるが、決してゴミを拾うことだけが目的ではない。子どもから大人まで、多世代が集まり、お互いにおしゃべりをしながらまちを歩いてコミュニケーションすることがメインだ。だから、決して一人がトングとゴミ袋をもって黙々とゴミを拾うのではなく、「ゴミを拾う係」と「ゴミ袋を持つ係」がそれぞれ分かれていて、拾う係の人がゴミを受け渡す際に「ゴミ袋の方〜、よろしくお願いします」という声かけが発生するように仕組まれている。その声かけから、「このあたりに住まれているんですか?」「今日はどんなきっかけでいらっしゃったんですか?」といったコミュニケーションが自然と生まれていくのだ。そこでは、普段は決して接することのない世代や、職種、背景を持っている方とも知り合いになることができる。ミスユニバース候補者やホームレス経験者、四〜五歳の子どもから、八〇代のおばあさんまで。那須野さんは、この活動を始める前と後とでは、価値観や世界観が大きく広がったという[1]。

「地域には、昔から住まれている方や最近引っ越してきた方、出身も違えば、経験も違うといった幅広い方が住まれています。でも普段、日常生活で触れている人は、似たカテゴリーの人が多い。高校生は高校生どうし、主婦は主婦どうし、職場の人や、同業者の人、趣味嗜好が合う人どうし…など、私たちが気づかないうちに同じ枠でくくられた人たちと生活を共にしています。そんな中、同じカテゴリー以外の方とは、自らが歩み寄っていかなければ、関わりを持つ機会は少ないように感じました」

「今、私たちに必要なのはカテゴリーの壁を超えて交流を増やすことです。多様な価値観を受け入れ、他者に対する理解を深めるには横のつながり以外にも縦のつながりも大切です。経験や世代にとらわれない幅広い価値観を受け入れる力は、今後の日本においてかなり大事になると思っています」

高校生の那須野さんが始めた活動も、二〇一九年に四年目を迎えた。「まちの中のゴミ拾い」と聞くと、地味な活動に思えるかもだけど、実際には子どもから大人まで「ゴミをツールにして」笑い合い、軽く汗をかき、「ゴミ拾いってかっこいい」と思わせてくれる活動だ。どんな人でも来て大丈夫という安心感がある場でもあり、「まちへの入り口」として、参加してみるのはいかがだろうか。

リンクワーカーの目

活動名

グリーンバード
武蔵小杉チーム

適応世代

全世代

性質

Linkage：予約や準備などなく気軽に参加できる「まちへの入り口」

こういう人がつながれる

まちの美化に興味がある、多世代で交流したい、まち歩きをしたい、気軽に参加できるところからゆるく入りたい、という方へ。

身体を流れる音楽

福祉施設×劇場「アーティストとともに過ごす時間」

「イエ〜！」

「○○さん、歌ってよ！」

「踊ろう踊ろう！　集まって！」

二〇一九年二月のある日、横浜にある地域活動支援センター「ひふみ」が、一日限りのディスコになった。普段は東京都内でＤＪをしているアボカズヒロさんが回す音楽に合わせて、障害を持っている方も持っていない方も関係なくごちゃまぜになって踊って歌う。「アーティストとともに過ごす時間」と名付けられたこのイベントは、どのような経緯で開催されたのか？　そこには、アートの世界に広がる社会的包摂（social inclusion）の波があった。

「地域活動支援センター」とは、地域で生活している身体障害者、精神障害者、知的障害者などが利用できる通

「アーティストとともに過ごす時間」で踊る参加者たち（金子愛帆さん撮影）

所施設。障害者の孤立を防ぐため、日中の居場所づくりや生きがいづくり、日常生活での困りごとを相談できる機会の提供などを行い、地域社会との交流を促進する福祉施設である。

地域活動支援センター「ひふみ」もそのような施設の一つ。主に精神障害のある人が地域の中で安心して生活するための居場所づくりを目指している。ＳＴスポット横浜発行のあるレポートから、施設長の中村麻美さんの声を抜粋してみる。[2]

「ひふみでは、思いついたことをやるということを大切にし、行き当たりばったりの生活をあえてやってみている」と中村さんは話します。

習字をしたり、みんなでメニューを相談して宅配ピザを注文したり、フォークソングを歌ったり……。それは、目標・目的主義に陥らず、生活に余白をつくることです。

「周囲はがんばる姿を求めがち。本人も演じてしまうが、だめな部分もひっくるめて生活することが大事」

（中略）

ひふみにある生活の余白は、地域の人も受け入れます。ひふみの周辺には、高齢者施設や学校が近くにあり、高齢者や子どもたちが遊びに来ることもあるそうです。認知症や発達障害を抱える方もいる中で、「今の世の中、みんな何かしらのしんどさを持っている。そんな思いを共有し、思いやれる者同士としての仲間意識をどこまで広げられるか」という視点で、地域の中でひふみという場を営み続けています。

例として、「死にたい」とよく口にしているあるひふみのメンバーが、遊びに来ていたお客さんのぼやきを親身に聞いていたというエピソードを挙げられ、他人のしんどさに目を向けることで、自身にも変化が起こるきっかけとなることが感じられました。

「自分自身はつらくても、もしくはつらいからこそ他人を支えることもできると思えることが大切だと思います」

中村さんがこうした居場所づくりを続けている背景には、自身の経験が影響しているといいます。学生の時に世田谷パブリックシアターで行われた演劇ワークショップに参加した中村さんは、「世の中にはいろんな人がいる」ということを肌身で実感し、多感だった当時の生きづらさがほぐされる思いだったそうです。突拍子のない行動をする大人も、その場の和を乱す子どもも『そこにいていい』と受け入れる劇場は、いろんな人にとっての居場所でした。

「居場所が用意されていたのではなく、私自身をその一部にしてくれた」

と、そこにいる人が、一緒に場をかたち作る一員として存在できることが、居場所だと感じさせていたのではないかと中村さんは考えます。

一方で、横浜市の認定ＮＰＯ法人ＳＴスポット横浜が運営している小劇場「ＳＴスポット」は、「アートの持つ力を現代社会に活かす」活動の一環として、社会のさまざまな場所におけるアートの可能性を探る活動を続けてきた。

地域活動支援センターひふみや中村さんとは、二〇一六年から企画を進めている。一年目は、「施設に新しい看板をつくりたい」ということで、造形作家と訪問し、施設利用者とともにそれぞれの個性が生きた看板をつくった。二年目はミュージカル。ひふみのメンバーだけでなく、近隣の福祉施設に通う精神障害のある人たちとともにつくりあげた。そしてこの三年目はディスコというわけだ。面白いところは、これら企画はすべて劇場やひふみ側が主導で考え、開催したものではないということ。利用者さんたちがやりたいことを自分たちで考え、形にしてきたものなのだ。

「思わぬ人が思わぬ力をもっている。ミュージカルやディスコのチラシも、絵が得意な利用者さんがいて、その方が描いてくれている。それにみんな弾けたい、羽目を外したいという願望が潜在的にあるんだということがわかった」

ディスコも、ある一人の利用者が「やりたい！」と手をあげ、みんなで盛り上がって開催が決まったという。

「ディスコといえばミラーボールでしょ」

と、当初はみんなで手作りしようとしていたのだが、そのうち利用者の一人が
「思わず買ってきてしまったよ」

と、既製品を持ってきて、それがまた笑いになる。そして内装もみんなで分担してワイワイとつくっていく。

今回、ＤＪと一緒にひふみを訪れたのは、スタディストの岸野雄一さんだ。これまで「ＤＪ盆踊り」や「コンビニＤＪ」を手掛け、それらの場所の景色を音楽の力で変えてきた。

「元からあった場所が、違った景色になる。場の意味が転換される。『そんなことが起こるのか』ということが共有されるのが大事で、面白い。そういう取り組みで、住んでいる地域を好きになってもらいたい」

「踊りと音楽、というのは芸能のはじまり。（ディスコで

音楽もDJも豊富な経験が求められる（金子愛帆さん撮影）

音楽を流すと）歌いだしたくなる人たちもいる、ギターを持ってきて演奏を始めてしまった人たちもいる。考えを巡らすことも人間には重要だけど、考え過ぎちゃうっていうことも色々問題を引き起こすこともあるので、無心に楽しめる瞬間があって、それを自分で肯定できるってすごくいいことだと思って」

福祉イベントだから、「このくらいでいいか」という妥協はそこにはない。参加者も真剣だから、アーティストも正面から向き合う。

もちろん、そこには利用者に合わせた配慮はある。

「アップテンポにしすぎると、精神的に余力がない人たちがついてこられない。フロアの様子を見ながら、音楽を調整しています」

「僕はＤＪと参加者をつなぐ役割。ノリノリで踊っているように見えてもフロア全体を見ている。施設職員もサポートして、全体を調和させている部分はある。でも『また来たい、楽しかった』というのは参加者のパフォーマンスだから」

と岸野さんが語ると、

「福祉として来ているという意識はないです。参加者のパフォーマンスがすごく高くて、ＤＪとして演奏する側も楽しめる場は貴重です。こちらとしてもまたやりたいですね」

と、ＤＪアボカズヒロさんも話してくれた。障害があるとかないとかは関係ない。どれだけ楽しめているかがこの場では全て。実際、思い思いの仮装をしながら、フロアで歌い、踊っているのは、障害を持っている方なのか、地域の住民の方なのか、それとも施設スタッフなのか、見分けがつかなかった。

障害があってもなくても、地域に開かれた安全な場。そこは安心できる場だからこそはじけられる。

「こんなに自由にふるまっていいんだ。こんな自分もいるんだ、という発見」が得られる福祉施設にアーティストが訪れることは、社会的処方の一つとしても大きな意味をもっている。

リンクワーカーの目

活動名

アーティストとともに過ごす時間／地域活動支援センターひふみ

適応世代

全世代（中学〜シニアが中心）

性質

Linkage：アートを通じて障害のあるなしに関係なく楽しめる

こういう人がつながれる

（障害のあるなしに関わらず）ディスコを楽しんだ世代／知らない世代、音楽や踊りが好き／苦手、演奏できる楽器がある／ない、何らかの生きづらさを抱えている、という方へ（アートは分断や排除を超えて、新しい価値をつくる可能性を持っている）。

アートの世界に広がる社会的包摂（social inclusion）

「アーティストとともに過ごす時間」のように、アーティストや劇場と地域の方々とが連携して、その地域にある課題を解決していこう、という取り組みは全国的に広まってきている。国もその動きを後押ししている。文化・芸術などアートが持つ「社会包摂機能」、つまり子ども・若者や高齢者、障害者、在留外国人などにも社会参加の機会をひらく機能に注目し、そういった視点で事業を行っている劇場を支援していこうという流れになってきている。例えば、文化庁から日本芸術文化振興会に移管された「劇場・音楽堂等機能強化推進事業」の要望書の内容は、劇場関係者に衝撃を与えたという。「劇場・音楽堂等機能強化推進事業」とは、音楽・舞踊・演劇などの実演芸術の創造発信や、専門的人材の養成、普及啓発のための事業を支援することで、劇場等の活性化や実演芸術の水準向上、地域コミュニティの創造と再生を図ることを目的に、上限として七〇〇〇万円を助成する事業である。しかしその要望書は、白紙のページばかりが続き、新たに「経済的評価」や「社会的評価」を求める、という改変に、関係者からは戸惑いと不平不満が起きた。つまり、地域の社会課題を、劇場自らが発見していくことが求められるようになったのだ。社会課題はもちろん地域によって異なる。なので要望書は「白紙」。考えて書け、調べて書け、ということだ。そのため劇場関係者は、自治体の総合計画の読み直しを迫られることになったという。そして、指標の設定。社会課題に対する取り組みが「測定可能であること」も求められているのだが、「社会課題解決の指標」って何だ？　というところで関係者はまた壁にぶち当たった。文化・芸術ってそもそも測れるものなのか？　という壁だ。そして、その不平不満も根本は、「芸術は聖域だ」という考えが根強くあったところからきている。芸術というのはその芸術性の高さを極めていくものであり、社会問題を解決するために芸術を利用するというのはいかがなものかという、いわゆる「芸術至上主義」の考えだ。世界でどう通用するか、発信していくかということばかりを劇場はこれまで考えてきたのだ。

その不平不満に対し、岐阜県の可児市文化創造センター「ala」館長の衛紀生さんは、

「劇場は社会に何ができるか、社会は劇場に何を求めているかというところに尽きます。一部の愛好者の趣味・

児童・生徒のためのコミュニケーションワークショップ（可児市文化創造センターalaご提供）

嗜好を満足させるという一般的な認識が改まらない限り、劇場が社会に必要な施設であり、文化政策がこの『競い合い・奪い合う』社会で生きづらさを感じている方々が大勢いる現状を手当するための施策にはなれないと信じているからです」

と語る。

その「ala」では、実際に演劇やダンスの技法を取り入れたコミュニケーションワークショップを地域の学校で行っている。ただ、最初から「演劇やダンスのワークショップをやります」だと警戒されるので「みんなで協力して、楽しいゲームをします」「体育のような、図工のような、音楽のような、国語のような授業をします」と言っていくと、「なになに？」と興味をもってくれるという。そこでやっていくのは、演劇やダンスの要素を活用する表現やコミュニケーションのゲームが中心だ。例えば言葉ではなく身体表現で伝えるワークショップ、スポットライトの中に立ってみるワークショップ、「流しそうめん」を全身で表現するワークショップ。流しそうめんで食べられる役を演じた子は「(食べられる役に) なりきって、面白い表現ができた」という感想だ。そういった「演技」を、みんなが楽しんでやる。

ここで重要なのは「間違いはない。人と違ってもよい」ということを経験してもらうこと。むしろ「人と違っていたほうがおもしろい」と表現しているアーティストもいる。例えば、声が小さな子はこれまで、「声が小さい」ことで学芸会では恥ずかしい思いをしてきたが、最初から「声が小さい登場人物の役」をやってもらって「その囁く演技は君が誰よりもうまくできる！」と周囲がその子の個性をありのままに表現してもらえるように促す。そうすると本番までには、結果的にその子なりに大きな声が出せるようになっていくのだという。

「それぞれがそれぞれの能力をもっている。失敗ももちろんするが、また工夫して乗り越えていく。その経験から柔軟性（レジリエンス）が身に着いていきます。このワークショップを通じて、子どもたちがその潜在能力を引き出すことさえできれば、彼らは私たちの期待値を超えていくんだということに気づかされました」

アートの力で高校中退者を減らす

アートが社会課題に与えるインパクトも大きい。alaが、近隣の高校で行った演劇表現ワークショップではその導入前と比較して大幅に中途退学者を予防できたという報告がある。その高校は地域で「問題校」と呼ばれており、毎年入学者は定員割れ。そして在留外国人の子どもも多く、言語の習得にはばらつきがあった。そういった中で学力やコミュニケーションの問題から、問題行動や中途退学者が多く、入学時の人数に対し卒業者が六〇％を切るような危機的状況であったという。実際にalaの職員が高校を訪れてみたところ、暴力や非行で「荒れている」

というよりは、生徒が全般的に無気力で、教師と生徒のコミュニケーションが成り立っておらず、学校生活への参加意欲が極端に低いというような状況だった。

その高校で演劇表現ワークショップを始めたとき、講師は「生徒を本気にさせる」、「各生徒の様子を察知する」ということを大切にしてゲームを進行したという。挨拶と謝罪、そして褒めることを大切にする。生徒にそうすることで、自己肯定感が育ち、やりたいことの発見へとつながっていく、という理念があるのだそう。またこのときは「目隠しチャンバラ」や「ピンポンパンゲーム」といったシアターゲームに加え、「異性に対しあらゆる方法で『好きだ』という気持ちを伝えるワークショップ」というのもやったという。大声で伝える、さりげなく伝える、土下座をして伝える…など。受け手側は本当に心が動いた時だけ受け入れる。生徒たちが楽しみながらやっているのを見た後で、講師が、

「いやだと思われても、伝える方法を変えて諦めずに続ける。幸せなのは、やりたいことをできていること、楽しいこと、仲間がいること。社会に出ればいいことばかりではないけれど、楽しむこと、相手を見ること、共感することが大切」

と生徒たちに伝えていった。その結果として生徒からは、

「相手の目を見て話すのは本気という話を聞いて、自分も本気の時は目をみて話すようになった」

「クラスの雰囲気が明るくなった。普段一人でいるような子が話しかけてくるようになった」という感想が得られた。そして、高校では問題行動や遅刻が減少し、中退者も減った。それをSROI（社会的投資収益率）で計算したところ二〇一六年は九・八六、二〇一七年は一六・七と算出された。これはつまり、このワークショップ事業に一〇〇万円を投資すると、一〇〇×九・八六で九八六万円の社会コスト・行政コストが削減できたことを意味する。

他にも海外の事例では、イギリスの演劇ワークショップにおいて、貧困や移民問題（英語が母国語ではない）のある地域の子どもたちが、英語の習得率が向上し、自己肯定感が高まり、結果として大学学位取得率が三倍となったという報告もある。

もちろん、子どもだけではなく大人に対してもアートは有効だ。イギリスのある女性医師は、イギリスで盛んに行われていたアートによる社会的処方に懐疑的であったという。しかし、ある時彼女が癌を患い、その経験からうつ病を発症してしまった。主治医から治療の一環として、音楽や劇場でのワークショップを社会的処方として示された彼女は、いぶかしがりながらもそのワークショップに参加したところ、大きな発見があったのだそう。短時間でも「医師としての自分」「癌患者としての自分」というのとは別の役割を演じられたこと、そして大きく息を吸って声を出すことでうつの症状も徐々に改善された。そして結果的に彼女は回復し、再び医師として現場に戻っていったのだという。

劇場からもっとも遠い人たちに、アートを届ける

alaは市民に向け、生活課題・社会的課題の解決のため「アートを通じた体験の機会」を多様に提供してきた。その結果、この一〇年で来館者数は四倍近くまで増えたという。「社会的事業は儲からない」、そんな声もalaは一掃してきた。劇場と市民の接点を増やし、ファンを増やし、コミュニティを作る。その結果として、生活課題・社会課題が解決できればという思いがalaにはある。

「劇場からもっとも遠い人たちに、アートを届ける」と、衛館長は語る。[3] それはさまざまな生きづらさや孤立を抱えている人たちだ。今まで誰からも認められたことがない、親からも愛されなかった子どもたちもいる。そこには「存在の飢餓感」がある。自分が、社会の中で役に立っている、愛されているという実感をもてること、それを芸術の力をもって成していく。「芸術を見に来い」

市民参加ダンス「オーケストラで踊ろう！」（可児市文化創造センターalaご提供）

ではなく「暮らしの課題をアートで解決する」ために届けたいという思いがalaにはある。alaが配るクリアファイルの表には「WE ARE ABOUT PEOPLE, NOT ART（私たちは崇高な芸術ではなく『人間』についての仕事をしている）」の文字が刻まれている。これからの劇場、そしてそれを取り巻くアートの数々がもつ社会的包摂の機能は、社会的処方としての大きな可能性を秘めた分野だ。

活動名

可児市文化創造センターala & アートコンテンツ

適応世代

全世代

性質

Store & Factory：ala自体が地域とつながり多くの文化芸術コンテンツを有し、そして育てている

こういう人がつながれる

演劇や音楽の経験や興味がある、アートでの表現をしてみたい、デイサービスの幼稚なコンテンツでは物足りない、という方へ。

「進化系スナック？」対話式カレー屋の目指す未来

いま改めて「スナック」が注目されている。「スナック」とは一般に、「ママ」と呼ばれる女性がカウンター越しに接客するバーで、酒の他に軽食（スナック）を提供することが名前の由来だという。ママや店員、または客同士で会話とお酒を楽しみ、時にはカラオケに興じるという形態のスナックは、昔でこそ駅裏などに多くのお店がひしめいていたが、現代ではその数も減り、また客層も高齢化している。しかし、高齢化したからこそ、その「居場所」としてのニーズは高まり、店側も「昼スナック」や「昼カラ（カラオケ）」などのサービスを提供したり、常連さん向けにママお手製弁当を配ったりするスナックもある。お弁当を朝に配れば、お客は昼にその弁当を食べる。使い捨ての容器にしないことがミソで、そうすればお客は夜にその弁当容器をお店に返しに来てくれ、「せっかくだから」と一杯やっていくという寸法だ。商魂たくましいといえばそれまでだが、スナックとママ、その場にあるコミュニティは、高齢者にとって大切な価値になっているのだ。

しかし、そのようなスナックに若い世代が入り込んでいくのはいささか敷居が高い。一方で、町なかにあふれるチェーンの飲食店には、そのような「居場所」的な役割は期待できない。ではいまの若者たちには「スナック的な場」を得ることは難しいのだろうか？　いやいやそんなことはない。探してみればまちの中には、「ママや店員、または客同士で会話とお酒・食事を楽しみながらお店で遊べる」というスナックの形を踏襲しつつ、気軽に誰でも入りやすい雰囲気もあわせもつ「進化系スナック」とも呼べる場所がたくさんある。

川崎市武蔵小杉駅から徒歩一〇分。「対話式カレー屋」を標榜する「コスギカレー」もその一

コスギカレー店主・奥村佑子（ゆもちん）さん

つといえるだろう。コスギカレーは、水を一切使わずに仕上げるチキンカレーが看板のカレー屋だ。ドアを開けてお店に入ると、香ばしいスパイスの匂いが食欲をくすぐる。しかし、単なるカレー屋ではなく「対話式」というところにどんな意味があるのか。店長の奥村佑子（ゆもちん）さんにお話を伺った。

「私、もともと学生の頃から写真を撮って写真集を作ったりだとか、脚本を書いて学生映画監督みたいなことをしていたりだとか、映像とか写真とかそういうのを作ったりすることに興味があって、就職もテレビ関係の制作の仕事に就いたんです。ただ、学生の時に飲食店で働いていて、お客様と直接やりとりする楽しみを知って、いつかは飲食店をやりたいなというのも同時にありまして。それで、（制作の）会社には七年弱いたんですけど、その中でその二つが結びついたんです。つまり映像とか文章とか写真とかそういうエンターテイメントと飲食業を融合させて、簡単に言うと『フードエンターテイメント』というのをやっていく会社を作って、自分でアイディア出してやっていきたいなと」

「とにかくただの飲食店には、したくなくて。他でやっていないこと、絶対できないことをやりたいと。お店って、作ったときは『あ、新しい〜』『食べてみたい〜』とかで、わあって情報とか人とか集まっても、結局すぐに日常の一部になってしまいますよね。そうじゃなくて、常に何か驚かせて面白がらせたい、というのが生涯かけてやっていきたいところなんです」

ゆもちんさんは、最初は移動販売から始め、三輪車の荷台にカレーのお弁当を乗せて町なかを走り回りながら多くの方と関わった。そして店舗をもってからも、地域のスーパーや他の個人店などとコラボレーションするなどして、交流を深めていく中で様々なイベントや企画を打ち出していったのだという。

「基本となっているのが『人と人との対話』で、『対話式カレー屋』ってのぼりにも書いてるんですけど、常にお客様や地域の方々とやりとりしながら全てのことを楽しんでもらおう！　という気持ちでやってます。楽しかった、美味しかった、という感想をもらったら、じゃあさらに進化していきます！　って感じで。コミュニケーションこそが人生の一番の喜びだと思っているので」

カレー屋というよりは、オシャレなカフェのような雰囲気のこの店には、確かに多くの方が集っていく。カウンターでゆもちんさんとお話している間にも、お客さんが入ってきて「ゆもちんさん、こんばんは！」「今度、武蔵小杉でのイベントは出店するの？」など様々なおしゃべりをしていく。お客さんとゆもちんさんだけではなく、お客さん同士でおしゃべりを始めたりする場面も。時にはお店の一角を借りてボードゲーム仲間とのイベントを開催する方がいたり、落語家とコラボレーションし「落語とカレー、どっちが辛口？」なんてイベントをしてお店を寄席に変身させ、お客でいっぱいにしたこともあったという。まちのみんなが自由に、「コスギカレー」という場を利用しているのだ。

「この店に『カレー』というアイテムがあって、しかもそれを『対話式カレー屋』というコンセプトで動かしていく中で、お客さんを巻き込んで、みんなとコミュニケーションをとりながらお店として成長していきたいっていうのがあります。このまちの人に育てられたから、こういう色のこういうお店になりましたっていう感じで。今年八周年だったんですが、それが一〇年、一五年と経った時に『こういう面白いお店あるんだよ』っていうのを、自分のまちを紹介するときに言ってもらえたらそれって一番幸せなことだと思うので。でもそれはみなさんが作ってくれたんですよ、っていうのも含めて『対話式』にしたいんですよね」

大人だけではなく、子どもたちもよく訪れる。ゆもちんさんが「今日は何してきたの？」「何を描いているの?・」といったところから会話を始めると、「今日は○○に遊びに行ってきたんだよ!」という元気な答えが子どもたちから返ってくる。コスギカレーにカレーを食べに行くというだけではなく、「コスギカレーに遊びに行く」という感覚の子どもたちもいるのかもしれない。「ツイッターみてます」という学生たちもよく訪れる。ゆもちんさんもSNSは積極的にチェックしていて、お互いの投稿を確認しながら、ネットとリアルでの交流を深めているのだという。

「いまの子どもたち、ここで生まれ育った子どもたちって、ここが『ふるさと』になるんだよなーって。うちのお店、小さい子どもたちもよく来て下さるんですけど、絵を描いてくれたりだとか、一緒にいっぱいおしゃべりして遊びます。この子たち、大きくなったら『こういうところで大きくなったんだよ』ってなるんだよなって思うと、その時間も楽しいものにしたいなって。自分が小さい頃の記憶に残っていることも、やっぱりまちなかにあった楽しく過ごしたお店だったり、まちでのイベントだったりするので、子どもたちには『このまちって子ども時代から面白かったよね』っていうのが残ればいいなっていうのを最近よく思います。だから、お店の営業だけにとどまらず駅前でのお祭りまで企画しちゃいました(コスギカレーは二〇一九年に五年目を迎える『武蔵小杉カレーフェスティバル』の立ち上げと運営もしている)」

カレーが美味しいのはもちろんのことだが、ゆもちんさんという「ママ」がいて、そしてここに集う楽しい仲間たちがいるからこそ、この店に通いたくなる。それは大人も子どもも。「あの店に行ったら、いつものあの人がいる」という安心感は、もう一つの家族がまちの中にできるようなもの。まちに住む人それぞれが、そのような「居場所」を持っていれば、いつまでたってもこのまちは「自分のまち」だと思えるのではないだろうか。

リンクワーカーの目

活動名

コスギカレー

適応世代

全世代

性質

Linkage:「対話から始まる、まちの案内所・居場所」

こういう人がつながれる

おいしいご飯に興味がある、気軽に話せる行きつけのお店が欲しい、孤食に悩んでいる、まちを楽しむきっかけが欲しい、という方へ。

こども食堂と丸亀市「ばば食堂あんもち部屋」

こども食堂が増え続けている。二〇一九年の調査では、全国に少なくとも三七一八ヶ所。[4] 六小学校に一ヶ所の割合だ。二〇一二年に東京都大田区にある「気まぐれ八百屋だんだん」が近隣の子どもに対して食事を提供したことが始まりとされ、二〇一六年には三〇〇ヶ所程度であったことを考えると、その後わずか三年で一〇倍以上に増加したことになる。しかも、この中には「こども食堂」と銘打っていないが、実質的には同じ活動をしている場は含まれていないため、本当の数はもっと多い。既に、児童館と同じくらいの数があることになり、地域に必要なインフラの一つとして認識されるようになってきている。ただ、「すべての子どもたちが歩いていける距離に」ということを考えると、全国に二万ヶ所は必要だとされている。[5]

こども食堂とは一般に、「子どもが一人でも行ける無料または低額の食堂」と定義されているが、公的な定義は存在しない。食堂の場所もお寺や公民館で開催したり、個人のお宅だったり。開催日も三六五日年中無休から月一回開催と様々。「貧困家庭の子どもに食事を食べさせてあげるところ」と誤解されている場合も多いが、実際には「貧困」と限定もしていなければ、「子ども」と限定

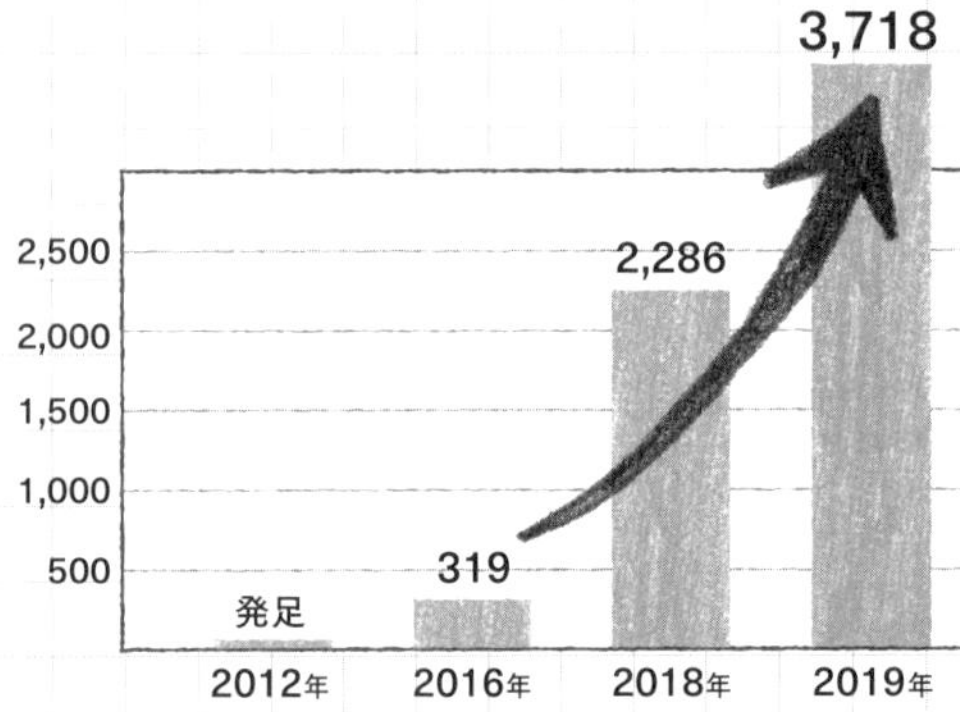

こども食堂の数は近年爆発的に増えてきている（NPO法人全国こども食堂支援センター・むすびえご提供）

もしていない。その目的は、家庭環境に関わらず、子どもが一人ぼっちで食事しなければならない孤食を防ぎ、さまざまな人たちの多様な価値観に触れながら「だんらん」を提供することだ。だから、例えば暮らしの保健室において高齢者向けの食事会を定期開催していたとして、そこに子どもが気軽に来られるようになれば、そこも「こども食堂」になる。逆に言えば、親や、一人暮らしの高齢者、または地域で暮らす外国人などもみんな来てほしいというのがほとんどのこども食堂の願いである。親にとっては、「社会のみんなで子育てをする」場が得られることで、「自分だけで子育てをしている」という重圧から解放される場にもなっている。他の親ともおしゃべりができたり、先輩の子育て失敗談を聞けたりすれば「自分だけがつらいわけではないんだ」という気づきの場にもなる。実際、「こども食堂で最後まで帰りたがらないのは親たち」というのもよくある光景だそうだ。[5]

　こども食堂が多種多様な人たちが集まる交流拠点になることは、子どもたちの未来を広げることにも役立つ。大学生がボランティアで来ていたりすれば、その人の姿を見て「大学生とはこういう人たちなのか」と学んでいく。こども食堂で海外の人に触れる経験を得た子どもは、それによって将来、海外での仕事をしようと志すかもしれない。貧困による悪影響の一つは、人との関わりも貧しくなることで、その未来の可能性も狭められてしまうことにある（関係性の貧困）。それをこども食堂での出会いを通じて、多様な選択肢が見えてくることが、地域の未来を作っていくことにもつながる。

　誰でもすぐに始められることもその魅力の一つだ。少しのお金と場所があり、力を貸してくれる数名がいれば、明日からでも始めることができる（保健所などへの申請はあるにしても）。「これくらいなら、私でも地域のためにできるかもしれない」という敷居の低さが、これだけ短期間で数が増えてきた一つの要因であろう。担い手も多様になってきており、自治会長やＰＴＡ、飲食店経営者や退職者や主婦の方たちなど様々だ。最近では大手コンビニチェーンもこども食堂を行うことで話題になった。

「誰も取りこぼさない社会をつくる」ために、地域の中でこども食堂が市民の力を中心に継続的に運営され、地域の資源が集まってつながる一つの拠点となっていくことが望ましい。

「こども食堂」という名前は使っていないが、食を

「広がれ、こども食堂の輪！全国ツアー」のシンボルイラスト（同実行委員会ご提供）

通じた地域の中のつながりの拠点となっている場所が香川県にある。この「ばば食堂あんもち部屋」について、丸亀市産業文化部文化課市民会館建設準備室長の村尾剛志さんにレポートしていただこう。

丸亀市は香川県の中央部に位置する人口約一一万人の都市。その丸亀市の南部に位置する綾歌町に、「ばば食堂」を運営する「ばばフードセンター」はある。のびやかな田畑の中に家屋とため池が点在する田園風景が美しい町で、市域でも最も農業が盛んな場所。ばばフードセンターは、そのような田園地帯にある「岡田中央商店街」のほぼ中央に位置する。しかし現在は商店街の様相はなく、集落に店舗が点在するという状況だ。

現在のばばフードセンターは、食料品などを扱う小売店。野菜、果物、魚、惣菜などの食料品や生活用品を販売するほか、冠婚葬祭の仕出し、弁当の配達、クリーニング、宅配便の受付、不動産も扱う。その店内で、食事も提供してきた。

創業は、七五年ほど前にさかのぼる。戦後混乱期の食料不足や高度成長の過剰な繁忙期を家内総出で乗り越えてきたという。ばばフードセンターを切り盛りしているのは、店主である俊作さん、そして息子さんの広貴さんだが、ご近所のお客さんとのコミュニケーションは専ら俊

ばばフードセンター内にある「ばば食堂」（村尾剛志さんご提供）

作さんの妻・麗子さん。やりくりは、広貴さんの妻、真由美さんの役目だろうか。

ばばフードセンターには、元々、店内にちょっと腰掛けるくらいの小さなスペースがあった。近所のたまり場として何となく人が集まる。気さくな麗子さんの人柄もあり、ふらっと立ち寄ったお客さんをコーヒーでもてなし始めたことから、いつのまにかコーヒーを飲みながらおしゃべりをする「無料喫茶店」となった。

自宅から歩いてくるお客さんは、まずこのスペースで一服する。最初は麗子さんから「コーヒー飲む？」と声をかけていたが、慣れた常連さんは、「甘いん（コーヒー）な！」と遠慮なしに注文する。スプーンに山盛りの砂糖を二杯と粉末ミルクをドバッと入れた甘いコーヒーをがぶがぶ飲む。おしゃべりがひと区切りすると、

「甘いコーヒー飲んだらのどが渇いたわ。お茶つか！」（「つか」は讃岐弁で「ください」の意）

以前は買い物をするついでにコーヒーを飲んでおしゃべりして帰るというのが習慣だったが、高齢化が進み、買い物という目的が疎かになっている人もいる。最近では、麗子さんがお客さんに「そろそろお味噌がなくなる頃やろ？」とか「ついでに食器洗剤も買って帰りよ」といって勧めてあげている。お客さんは否定もせず、これといった同意もせず「なんぼな？」と言って支払って帰る。麗子さんは、お客さんの毎日の献立や冷蔵庫の中身、生活用品の具合も概ね把握しているという。

店がとても忙しく、一心不乱にバタバタと働いていた頃、麗子さんは、毎日コーヒーをただで飲んで帰るお客さんに言われたことがある。

「お金はいっぺんに儲けたら妬まれる。一日三〇〇円でも毎日もらうことが大事だ。」

麗子さんのコーヒーはインスタントではない。豆を挽いてドリップする本格的なコーヒー。普通の喫茶店なら恐らく五〇〇円くらいはするに違いない。コーヒーもお茶も無料で出し、ちょっとしたお惣菜と果物で六〇〇円くらいの売り上げだ。普通では考えられない過剰なサービスだが、麗子さんは笑って言う。

「それでも毎日一〇〇円いただけると思えばええのよ。毎日来てくれることがありがたいのよ。」

どうしてそんなに自然体でおもてなしができるのか麗子さんに聞いてみた。

「私の母の口ぐせが『何か食べる?』でな。誰かが来たら『何ちゃ（何にも）ないけど、まあまあ食べまい』と言ってご飯を出すのが当たり前の家やった。母は、『おなか一杯やったら悪いことせんから』と教えてくれたんや。それを嫁いできてもずっと続けてきただけのこと。私は、食べるものでお世話になっている人にお返ししているだけ。」

真由美さんが続く。

「私が嫁いできて、お義母さん（麗子さん）から『白いご飯は切らすな』と言われた時は、最初は何のことかよく分かりませんでした。お義母さんの実家の家訓で、炊き立てでなくても、冷やご飯でもいいのでと。お義母さんが丁寧に食材を選んで、きちんと作った料理を皆さんが美味しそうに食べるのを見ていると、食べることの大切さが本当によく分かります」

地域の人が集う「無料喫茶店」で「何か食べる?」おもてなしを本格的に仕事にしようと考えたのは三年ほど前。ふらりと訪ねてきたサラリーマンの男性が麗子さんに、「おばちゃんここでご飯食べられる?」と言われ、普段どおりにご飯とお汁、仕出しの残りで賄いにしようと思っていたお惣菜を出した。すると男性は、半べそをかいて喜んだという。

「久しぶりのおふくろの味です。」

男性はお金を出そうとしたが、麗子さんはお金はどちらでもよかったので受け取るつもりは

なかった。どうしてもというので、「三〇〇円」と答えたところ、

「おばちゃん、それは安すぎるわ。それやったらもう二度とここに来られんようになるから、もうちょっと取ってよ。」

「いやいや、余りものでお金もろたら悪いわ。」

といったようなやりとりがあったようだ。これを広貴さん夫婦に相談し、これまでどおりのおもてなしはおもてなし、みんなが気兼ねなく来られるようにお金をいただくのもありなのでは、ということで有料のサービスを始めることになった。


そこで、広貴さんが自分でリフォームし、これまで一坪弱だった「無料喫茶店」は二五㎡ほどに広がった。店内の約五分の一を占めるこのスペースを「ばば食堂」と名付け、麗子さんたちが仕出しや弁当、イベントで提供するものと同じものを気軽に食べてもらおうと決めた。四季折々に地元で採れる食材を安く仕入れ、上手に手間を掛けて美味しく作る。特別なごちそうではなく、昔から伝わる「ありふれた」おかずを食べることで、健康にもつながるのではないかと考えた。

元々、「ばば食堂」で儲けようと思っていない。「おもてなし」と「賄い」のあいだのようなつもりなので、食堂目当てのお客さんが来る、来ないは全く気にしていないという。お金を取る、取らないというのもどちらかといえばお客さん次第という感じ。言い方を変えれば、ここ

では、お客さんとご近所さんと友達と家族がシームレスという感じなのだろうか。

ばば食堂に「帰る」子どもたち

麗子さんと広貴さんから印象深い話が伺えた。それは、今から一七、八年前のこと。近所に住む高校生の男の子がある日突然ご飯を食べさせてほしいとやってきた。前述のとおり、馬場さんの店では、それはそれほど特別なことではない。普段と同じようにご飯を食べさせた。とにかくたくさん食べたという。食べ終えると男の子が家には帰りたくないと言い始めた。男の子の家庭は母子家庭で、目の悪いお祖父さんと同居していることは麗子さんたちも知っていた。男の子に聞くと、

「母親がご飯を作ってくれない。仕事が忙しく普段から会う時間もない。お祖父さんは目が悪く、できないことが多い。上下の兄弟も一緒にいるが、自分の居場所がない。」

と言った。そこで麗子さんが男の子の母親に相談したが、特に反応が返ってこなかったという。その日から男の子は、馬場さんの家から高校に通い、卒業し、就職しても自宅には帰ろうとはしなかった。その生活は、彼が結婚するまで約一〇年間に及んだ。馬場さんは男の子を家族と同様に接し、店の手伝いもさせていたという。

このように、この家には様々な人が寄ってくるようだ。時には霊能者や行者が居座り、「めし・風呂・洗濯」の三点セットで押し付けられたこともあるという。あまり深く考えず、結構面白い話が聞けるとあって、「まあ、ついでやきん」とお世話をしてあげていたという。真由美さんも元保育士だが、保育士時代の教え子のうち、生活に困った親子が店に相談に来ることもしばしばだ。ある母子家庭の子どもは、学校が終わったら自宅ではなく、馬場さんの店に「帰ってくる」。店で宿題をして、店の掃除と犬の散歩をして、おやつを食べて、また店の手伝いをして、店の周りで遊んで、ご飯を食べて一七時過ぎに自宅へ帰るという生活が何年も続いていたとのこと。夏休みには、朝から店に来て一日を過ごす子どももいたという。

真由美さんは、

「今までにもいろんな子どもがいたんですが、店をしていることで、うちには私たちを含め、近所の人や関係業者、お客さんなど色々な大人が来る。子どもたちにはちゃんと挨拶だけはするようにと教えてきました。教えれば、きちんと挨拶するし、手伝いも自分から進んでやろうとする。できないこともやってみようとしてくれるんです。」

店に来て馬場さんたちと一緒に過ごした子どもたちは、どの子も周りの大人からの評判が良かったという。

「一つできるようになれば、どんどんとやる気が出る。あれもこれもと頑張るんです」とは、仕事の傍ら、少林寺拳法と和太鼓の指導もしている広貴さん。一人親家庭で習い事ができない子どもを稽古場に連れて行き、会員の子どもたちと同じように練習に参加させている。

馬場さんの所に子どもが集まりやすい理由の一つに地域の祭りがある。祭りの時には、大勢の子どもたちにお菓子をプレゼントしている。それがこの「商店街のあたりまえ」なのだそうだ。そして、その子どもたちが通う保育所、小学校の社会体験学習にも協力している。これについて広貴さんは、

「ハマチのさばき方を実演したら、たくさんの血を見てびっくりした子どももいました。生きたタコをそのまま茹でて、できたてを食べさせたらとても美味しかったようで、大人になった今でも、『おっちゃん、タコ食べさせて！』とやってくるんです。」

昔からここに来れば受け入れてもらえる優しい大人がいるという印象が強く根付いているのだろう。いうまでもないが、馬場さんはこれまで保護者や子どもから、ご飯やおやつに係るお金は受け取っていない。もちろん行政や団体からの補助金なども一切ない。

二〇一七年に丸亀市内で初めてこども食堂がオープンしたとき、広貴さんがこの新聞報道を見て思ったことを話してくれた。

「大人が特別な日を限定して、わざわざ人を集めてすることではないと思っています。うちのような田舎では、子どもだけでなく年配の方もふらっと立ち寄れるのがいい。うちはそれを意

識せずにやってきたので、『こども食堂』ではなく、『みんなの食堂』？　いや、やっぱりそういう特別な枠や定義みたいなものはないですね。」

「こども食堂」という言葉は知っていたが、その言葉から受ける印象はあまり良くなかったという広貴さんと真由美さん。貧しい子どもにご飯を「食べさせる」というムードが否めないからだ。もちろん、本などを読んで、こども食堂のなりたちや現状を知り、こども食堂という言葉の枠に捉われる必要のないことは分かっていたが、

「もし、本当につらい思いに直面している子どもや家族がうちに来て、店に『こども食堂』の看板が出ていたら、もしかしたら偏見の目で見られるのでは？　と心配するかもしれない。そして、『こども食堂』を詳しく知らない人たちから、『施しの場』のように思われるのもよくないのでは？」

と考えたという。そこで名付けたのが「ばば食堂あんもち部屋」。なぜ「あんもち部屋」なのか？　広貴さんに聞いてみた。

「うちは、両親や僕の手作り料理をお客さんに提供しています。それは、昔から地元で食べてきたもの。だんだんと家庭で作らなくなり、家庭の食卓からなくなりつつあるものも含めて、地元の料理を大事にしたい。母が作る郷土料理を通して、ふるさとを再発見してほしい。郷土料理で最もインパクトがあり、地元が誇りに思う料理が『白味噌のあんもち雑煮』。これが地

元の家庭料理で一番のごちそうだと思っています。あんもち雑煮が食べられるお店ってなかなかないでしょ」

ひと呼吸置いて笑いながら、

「普通で気楽で、ほっとして楽しい。これがうちの店です。『あんもち部屋』ってなんか相撲部屋みたいですが、相撲部屋のようなにぎやかで温かい場所っていいじゃないですか」

リンクワーカーの目

活動名

子ども食堂／ばば食堂あんもち部屋

適応世代

全世代

性質

Linkage：食で全世代がつながれる地域の食卓

こういう人がつながれる

おいしいご飯に興味がある、気軽に話せる居場所や地域でのつながりが欲しい、孤食に悩んでいる、という方へ。

参考文献

1 https://www.huffingtonpost.jp/author/ayaka-nasuno/　2017/5/28ポストより
2 https://welfare-stspot.jimdo.com/報告書など/　二〇一九年度記録集「障害と身体をめぐる旅二〇一七」一九頁（一部加筆修正）
※YouTubeで「ひふみ×岸野雄一」を検索すると取り組みの様子を動画で見ることができる
3 https://news.yahoo.co.jp/byline/yuasamakoto/20180220-00081241/　2018/2/20ポストより
4 https://musubie.org/news/993/
5 https://news.yahoo.co.jp/byline/yuasamakoto/20190626-00131725/

おわりに　「はじまりの婦人」にもう一度会えたら

私たちは「はじまりの婦人」に出会い、彼女とその夫の社会的孤立について何とかできないかと考え続け、社会的処方を知り、イギリスへ飛んで学んだ。社会的処方研究所を立ち上げ、『野帳～Field Note』を手に地元や全国を回り、日本における社会的処方について探ってきた。

そしてわかったことは、日本はすでに多くの社会資源にあふれているということだ。多くの人やお店が、社会やまちの未来について考えているし、それぞれに地域へ貢献したいと考えている。この本を通して読んできた皆さんなら、イギリスの社会的処方に関わる方々、そして日本で社会課題に取り組む方々の多くが、概ね同じことを主張していることに気が付いただろう。この本では、種々の取り組みを取り上げながら、それらの哲学について繰り返し繰り返し述べてきたつもりだ。

まちのなかで暮らしている一人一人の存在そのものが価値であり、宝であり、それは「オモロ」につながっているということ。障害や病気があってもなくても、一人一人がやりたい小さなことを気軽に口に出すことができ、それを「いいね！」と応援してくれる人たちがいる環境が大切だということ。まちのなかで皆が、自分なりの表現に没頭、熱中して取り組んでいく中で、結果的に多世代が交流し、つながっていくのだということ。

一方で、社会的孤立が進行してきていることもまた事実。地域資源はあふれていても、まだまだ世界はちっとも「大丈夫」なんかじゃない。問題は、これらの社会資源が「社会的処方的に」つながっていないこと。それぞれがそれぞれに、美しくも小さく孤立した活動を続け、そして「知る人ぞ知る」資源として地域の情報の渦に沈んでしまっている。これを、社会的処方とリンクワーカーである市民の言葉をもってつなぎ直していくことが、日本の未来を明るくする一歩になる。

もちろん社会的処方は、社会的孤立を解決するための「魔法の弾丸」ではない。孤立の問題は、一つの解決策だけでスパッと解消するような単純な問題ではない。「みんながリンクワーカー」となって、一人一人が地域資源をつなげていくために活動したとしても、明日すぐに世界の変化を実感できるほどの効果はないだろう。では、社会的処方なんて、いくら取り組んでも無駄なのだろうか？　そうではない。大切なことは、「世界を一歩でも先に進めること」だ。活動家の湯浅誠さんが、「こども食堂」に対する思いを語った「一ミリを進める」という文章を抜粋してここで取り上げよう。[1]

私たちは「これさえやれば万事解決」という万能の処方箋があるかのように夢想するほど世

間知らずではない。世の中は「隅のないオセロゲーム」のようなものだ。一つのコマ(石)を変えさえすればパタパタと他のコマもひっくり返るような隅があれば楽だが、そんな隅はない(あっても事後的にしかわからない)。重要なのは、一つ一つのコマを返すこと、一ミリを進めることだ。「こども食堂を一つ開設して、一〇人の子どもが来た。それでいったい世の中の何が変わるのか」と言う人はいるだろう。言わせておけばいい。その一〇人の子どもたちにとって、世界は「こども食堂がない世界」から「こども食堂がある世界」に変わった。そこに意味があり、価値がある。夢想では世の中は動かない。夢想と理想は違う。理想は、一ミリの方向性を指し示すとともに、その一ミリに意味と価値を与え、一ミリを肯定する。対して夢想は、その一ミリを批判し、軽視する。一ミリに対して「もっと大きなこと」「もっと重要なこと」を対置したがる。そして批判を通じて何か(自己かもしれない)を顕示しようとする。理想は一ミリを肯定し、夢想は一ミリを否定する。私は、実践家の態度は、理想の側にあると思う。だから「限界」のあることをおそれる必要はない。すべてに限界はあり、限界があるから次の一ミリが見え、そこに歩を進めることができる。理想は進み、夢想は進まない。一ミリを肯定し、次の一ミリへと踏み出そう。それが課題を解決していく。

社会的処方も同じことだ。この本を読んだ皆さんにとって、この世界は「社会的処方のない世界」から「社会的処方がある世界」に変わった。あなたたち一人一人がリンクワーカー。日本においても既に、社会的処方を地域に取り入れていこうとする胎動は聞こえ始めている。川崎・横浜だけではなく、熊本・鹿児島、そして他の地域でも。

私がもしもう一度「はじまりの婦人」に会うことができたなら、私も一人のリンクワーカーとして、婦人、そして夫の人となりをもっと深く聞き、つなげられる地域資源を考え、またアウトリーチとしてご自宅へ伺える方法を模索するだろう。上から目線で悲痛な「支援」ではなく、「どうしたら友達になれるのか」「かれらはどんな『オモロ』をもっているんだろう」とワクワクしながら、話を聴きに行けるだろう。

かれらの「オモロ」と地域をつなげていくために、私は明日からも『野帳～Field Note』をもって、まちのなかに情報を探しに歩こう。少しでも地域資源を知るために、アンテナを立てておこう。社会的孤立を抱えた人は、いつまた現れるかもわからない。そう、あなたの前にも。私たちが「はじまりの婦人」

社会的処方研究所が関わる、熊本・鹿児島で社会的処方の仕組みを作っていこうというプロジェクトのロゴ

にできなかったこと、それを繰り返さないこと。この本をもって、地域を「一ミリ前に」進めよう。私たちの小さな一歩一歩が、地域の大きな一歩になることを期待して。

参考文献

1 https://news.yahoo.co.jp/byline/yuasamakoto/20180505-00084818/

社会的処方研究所
KAWASAKI

Online Community

社会的処方研究所

オンラインコミュニティのご案内

社会的処方研究所では、FactoryやResearch、Storeの活動を毎月行っているが、川崎市から遠方の方では、その活動内容や情報を得ることが難しい。そういった方のために社会的処方研究所では「オンラインコミュニティ」を用意している。

https://camp-fire.jp/projects/view/77042

特典 1

最新情報やFactoryでのアイディアが共有できる

社会的処方研究所の情報は、実際にFactoryに足を運ばないと手に入れられない。
しかし、オンラインコミュニティに参加した方は、そこで話し合われたアイディアをすぐに手に入れることができ、また国内外の最新情報も合わせて知ることが可能になる。

特典 2

作戦会議

オンラインコミュニティから始まる様々な企画に一緒に参加することができる。この本も、オンラインコミュニティでの作戦会議で、メンバーで一緒に作った本である。

特典 3

イベントの参加

社会的処方研究所のイベントなどに優待価格で参加することが可能。
またオンラインコミュニティで知り合ったメンバーで、新たなイベントが始まることも期待している。

今回この本に載せられなかった情報もあるし、今後も社会的処方についての情報は日本で拡大していくだろう。もし今後も、社会的処方研究所の活動を追っていきたい、という方はぜひオンラインコミュニティへの申し込みを検討いただきたい。

謝辞

この本を執筆するにあたり、取材や分担執筆、原稿チェックなどで多くの方から多大なご協力を頂きました。この場を借りてお礼を申し上げます。実際のResearchでは、本書内で取り上げさせていただいた事例だけではなく、もっとたくさんの社会資源を取材したのですが、紙面の関係上取り上げられなかったものもたくさんあります。またオンラインコミュニティやSNS、また別の媒体などを通じて、皆様に情報提供をしていきたいと思います。

いつも社会的処方研究所Factoryにご参加いただいている皆様、そしてオンラインコミュニティのメンバーからも多くの協力を頂きました。皆さんとのディスカッションがなければ、この本の一番大事な哲学は見つけることができなかったでしょう。多くの気づきを、ありがとうございます。

この本だけではなく『野帳～Field Note』のデザインを担当してくださった金子英夫さん、そして社会的処方研究所の立ち上げからFactoryの運営、本の作成まで協力してくださった横山太郎さん、石井麗子さん、西上ありささん、出野紀子さんにも本当にお世話になりました。これからもよろしくお願いします。また、本の企画から編集まで、細かい示唆を頂きました学芸出版社の岩崎健一郎さんにも感謝申し上げます。

そして、いつも暮らしの保健室や社会的処方研究所を支えてくれている、地域の皆様。皆様からの応援があって、私たちは活動を続けてこられています。一緒にこの地域を良くしていくためのパートナーとして、今後ともよろしくお願いいたします。

私たちはこれからも、社会的処方を日本で「文化にしていく」ために歩き続けます。そのためには今この本をご覧いただいている皆様のお力も必要不可欠です。どうか、これからもご協力をよろしくお願いいたします。

二〇二〇年一月
一般社団法人プラスケア代表理事
西 智弘

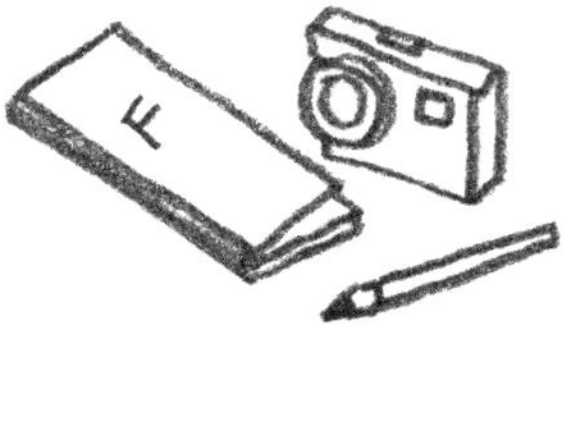

クラウドファンディングなどでご支援いただいた皆様（敬称略）

Mui
大鵬薬品工業株式会社
日本イーライリリー株式会社
株式会社シルバーウッド
Kazunari Ogura
jimkbys
株式会社ヤクルト本社
ライフケアプラス
医療法人社団やまと
ishiichangdesu
yayayasuhi6
一般社団法人日本臨床化粧療法士協会
さっぽろ白石内科消化器クリニック
BeHappyOrange
Hidekazu Ishii
rauchan
hitomihouse
宮﨑雅大税理士事務所
たなかしんや
Yoshihiro Furuya
Ethyelenediamine
Wagi
Duong Bich Ngoc
kokoro_yuigon
a3taro
Tatsunori Shimoi
hirohashi
小林成光
Hisashi_ohtsuka
ayupaca2017
kimiko nakano
nakamura990417
aytat
キシリトール
こすぎの大学 岡本克彦
Mitsuoka Satoru
室戸の岬の物語
Mombuch
Ayako Komatsu
Yohei Nishiguchi
ttaattssuuyyaa
Kazuyo Nakayama
イナダアキラ
ShojiTeruya
ikaike
石川彩夏
miyo0210

編著者

西 智弘（にし ともひろ）

川崎市立井田病院かわさき総合ケアセンター腫瘍内科／緩和ケア内科医師
一般社団法人プラスケア代表理事
2005年北海道大学卒。室蘭日鋼記念病院で家庭医療を中心に初期研修後、川崎市立井田病院で総合内科／緩和ケアを研修。その後2009年から栃木県立がんセンターにて腫瘍内科を研修。2012年から現職。現在は抗がん剤治療を中心に、緩和ケアチームや在宅診療にも関わる。一方で、一般社団法人プラスケアを2017年に立ち上げ代表理事に就任。「暮らしの保健室」や「社会的処方研究所」の運営を中心に、「病気になっても安心して暮らせるまち」をつくるために活動。日本臨床腫瘍学会がん薬物療法専門医。著書に『緩和ケアの壁にぶつかったら読む本』（中外医学社）、『「残された時間」を告げるとき』（青海社）、『がんを抱えて、自分らしく生きたい がんと共に生きた人が緩和ケア医に伝えた10の言葉』（PHP研究所）がある。

共編者 **西上ありさ**（studio-L）
出野紀子（studio-L）
石井麗子（一般社団法人プラスケア コミュニティナース）

著者 **藤岡聡子**（福祉環境設計士）
横山太郎（医療法人社団晃徳会 横山医院 在宅・緩和クリニック院長）
守本陽一（公立豊岡病院）
森田洋之（南日本ヘルスリサーチラボ代表）
井階友貴（福井大学医学部地域プライマリケア講座教授）
村尾剛志（丸亀市産業文化部文化課市民会館建設準備室長）

社会的処方
孤立という病を地域のつながりで治す方法

2020年2月10日　第1版第1刷発行
2022年2月20日　第1版第6刷発行

編著者　西 智弘
共編者　西上ありさ・出野紀子・石井麗子
著者　藤岡聡子・横山太郎・守本陽一
森田洋之・井階友貴・村尾剛志

発行者　井口夏実
発行所　株式会社学芸出版社
京都市下京区木津屋橋通西洞院東入
電話 075-343-0811 〒600-8216
http://www.gakugei-pub.jp/
info@gakugei-pub.jp
編集担当　岩崎健一郎

装丁・本文デザイン・イラスト　金子英夫（テンテツキ）
印刷　オスカーヤマト印刷
製本　山崎紙工

ISBN978-4-7615-2731-0